中传学者文库编委会

主　任： 廖祥忠　张树庭
副主任： 蔺海波　李　众　刘守训　李新军　王　晖
　　　　　杨　懿　柴剑平

成　员（按姓氏笔画排序）：
　　　　王廷信　王栋晗　王晓红　王　雷　文春英
　　　　龙小农　付　龙　叶　龙　刘东建　刘剑波
　　　　任孟山　李怀亮　李　舒　张绍华　张　晶
　　　　张根兴　张毓强　林卫国　郑　月　金　炜
　　　　金雪涛　周建新　庞　亮　赵新利　徐红梅
　　　　贾秀清　高晓虹　隋　岩　喻　梅　熊澄宇

中传学者文库

主编／柴剑平
执行主编／龙小农
副主编／张毓强 周建新

良知美学草案
周月亮自选集

周月亮 著

中国传媒大学出版社
·北京·

图书在版编目（CIP）数据

良知美学草案：周月亮自选集 / 周月亮著 . -- 北京：中国传媒大学出版社，2024.8.

(中传学者文库 / 柴剑平主编).

ISBN 978-7-5657-3733-6

Ⅰ.C53

中国国家版本馆 CIP 数据核字第 2024S78U31 号

良知美学草案：周月亮自选集
LIANGZHI MEIXUE CAOAN：ZHOU YUELIANG ZIXUANJI

著　　者	周月亮
责任编辑	于水莲
特约编辑	郑　鸣
封面设计	锋尚设计
责任印制	李志鹏

出版发行	中国传媒大学出版社			
社　　址	北京市朝阳区定福庄东街 1 号	邮　编	100024	
电　　话	86-10-65450528　65450532	传　真	65779405	
网　　址	http://cucp.cuc.edu.cn			
经　　销	全国新华书店			
印　　刷	北京中科印刷有限公司			
开　　本	710mm×1000mm　1/16			
印　　张	14			
字　　数	214 千字			
版　　次	2024 年 8 月第 1 版			
印　　次	2024 年 8 月第 1 次印刷			
书　　号	ISBN 978-7-5657-3733-6/C・3733	定　价	66.00 元	

本社法律顾问：北京嘉润律师事务所　郭建平

总　序

媒介是人类社会交流和传播的基本工具。从口语时代到印刷时代，再经电子时代至今天的数智时代，媒介形态加速演变、融合程度深入发展，媒介已然成为现代社会运行的基础设施和操作系统。今天，人类已经迈入媒介社会，万物皆媒、人人皆媒、无媒介不社会、无传播不治理。今天，无论我们怎么用力于信息传播的研究、怎么重视信息传播人才的培养都不为过。

中国传媒大学（其前身为北京广播学院）作为新中国第一所信息传播类院校，自1954年创建伊始，即与媒介形态演变合律同拍、与国家发展同频共振，努力探索中国特色信息传播人才培养模式、构建中国信息传播类学科自主知识体系，执信息传播人才培养之牛耳、发信息传播研究之先声，被誉为"中国广播电视及传媒人才摇篮""信息传播领域知名学府"。

追溯中传肇始发轫之起源、瞩望中传砥砺跨越之未来，可谓创业维艰而其命维新。昔日中传因广播而起，因电视而兴，因网络而盛，今天和未来必乘风破浪、蓄势而上，因人工智能而强。在这期间，每一种媒介兴起，中传均吸引一批志于学、问于道、勤于术的

学者汇聚于此，切磋学术、传道授业，立时代之潮头，回应社会需求，成为学界翘楚、行业中坚，遂有今日中传学术研究之森然气象，已历七秩而弦歌不断，将传百世亦风华正茂。

自新时代以来，中传坚守为党育人、为国育才初心，励精图治、勠力前行，秉承"系统治理、创新图强、交叉融合、特色发展"的办学理念，牢牢把握高等教育发展大势、传媒业态发展趋势，瞄准"智能传媒"和"国际一流"两大主攻方向，以世界为坐标、以未来为向度，完成了全面布局和系统升级，正在蹄疾步稳、高质量推动学校从传统高等教育向未来高等教育跨越、从传统传媒教育向智能传媒教育跨越、从国内一流向世界一流跨越，全力建设中国特色、世界一流传媒大学。

中国特色、世界一流，在于有大先生扎根中国大地，汇聚古今、融通中外；在于有大先生执教黉门，学高为师、身正为范；在于有大先生躬耕杏坛，敦品积学、启智润心。习近平总书记更强调，高校教师要立志成为大先生，在教书育人和科研创新上不断创造新业绩。中传广大教师素来以做大先生为毕生职志，努力成为新时代"经师"与"人师"的统一者，做真学问、立高品行，践履"立德树人"使命。

2024岁在甲辰，欣逢中传建校70华诞，学校特邀约部分学者钩玄勒要、增删批阅，遴选已公开刊发的论文汇编成集，出版"中传学者文库"，意在呈现学校在学科建设、科学研究、服务行业实践等方面的最新成果，赓续中传文脉，谱写时代新声。

文库汇聚老中青三代学者，资深学者渊渟岳峙、阐幽抉微；中年学者沉潜蓄势、厚积薄发；青年学者踌躇满志、未来可期。文库与五十周年校庆所出版的"北广学者文库"相承接，大致可勾勒中传知识生产薪火相传、三代辉映之概貌，反映中传在构建中国特色新闻传播类、传媒艺术类、传媒技术类学科体系、学术体系和话语体系方面的耕耘与收获，窥见中国特色信息传播类学科知识体系构建的发展脉络与轨迹。

这一构建过程，虽筚路蓝缕，却步履铿锵；虽垦荒拓野，亦四方辐辏。一批肇始于中传，交叉融合、具有中国特色的学科，如播音主持艺术学、广播电视艺术学、传媒艺术学、数字媒体艺术学、政治传播学等，从涓涓细流汇入滔滔江河，从中传走向全国，展现了中传学者构建中国自主知识体系的学术想象力和创新力。文库展示的虽然是历史，实则是呈现今天；看似是总结过去，实则是召唤未来。与其说这套文库的出版，是对既有学术成果的展示，毋宁说是对未来学术创新的邀约。

回首过往，七秩芳华。我们深知，唯有将马克思主义基本原理与中华优秀传统文化相结合，才能推动中华学术创造性转化和创新性发展，推动中国自主知识体系的构建。我们深知，唯有准确把握媒介形态演变的脉动、深刻认知媒介形态变革所产生的影响，才能推动中国信息传播类学科自主知识体系的构建与时俱进。

展望未来，星辰大海。我们深知，以人工智能为代表的产业和科技革命正迅疾而来，媒介生态正在加速重构，教育形态正在全面重塑，大学之使命与价值正在被重新定义；我们深知，唯有"胸怀国之大者"、面向世界科技前沿、面向经济主战场、面向国家重大需求，才能确保中传始终屹立于中国乃至世界传媒教育发展之潮头。

如何应对人工智能带来的深刻变革，对中传而言是一场要么"冲顶"、要么"灭顶"的"兴亡之战"。我们坚信，不管前方是雄关漫道，还是荆棘满途，唯有勇敢直面"教育强国，中传何为？"这一核

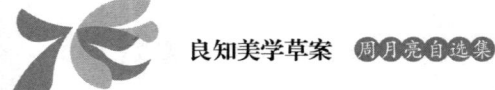

心命题,奋力书写"智能传媒教育,中传师生有为!"的精彩答卷,才能化危为机,奋力开创人工智能时代中传智能传媒教育新纪元。

功不唐捐,芳华七秩;风帆正举,赓续创新。

是为序。

第十四届全国政协委员,中国传媒大学党委书记、教授、博士生导师

目 录

一辑·古典文学

马致远版本的失败哲学 ………………………………………………… 003
认同·幻想·表述
　　——关汉卿的悲剧 ………………………………………………… 015
误解与反讽：略论《儒林外史》所揭示的文化与现状的矛盾 ……… 027
敢于绝望、为个性和创造性而斗争的吴敬梓 ………………………… 037
《儒林外史》的禅味与吴敬梓的禅心 ………………………………… 046
宝玉心态的哲理内涵 …………………………………………………… 054
宝黛悲剧是人文知识者无路可走的悲剧
　　——细读第三十二回（诉肺腑）、第三十四回（情中情）…… 064
龚自珍的美学目的论 …………………………………………………… 080

二辑·影视艺术

现象之美 091
电影艺术直觉论 102
巫术思维与欲望中介
　　——关于电影功能的抽绎 118

三辑·文化传播

公羊家法 129
儒脉：在道与势的夹缝中 132
禅心妙悟　大雄无畏 159
清代的文化传播 162

四辑·心力美学

王阳明：那边会了，却来这边行履 173
心实用主义 180
良知美学论纲 190
良知是希望美学 204

后　　记 211

一辑·古典文学

马致远版本的失败哲学*

入话:"引类问题"

一部中国古代文学史差不多是一部模式史,是模式的建立、局部性的打破与修补的历史。犹如学人重视师承和家法,文人对旧有范式是非常重视的,即使是改革也往往声称是在"复兴"一个更古老高明的传统。那结果便是几乎都在按"相似原则"去进行创作似的,据福柯说欧洲文艺复兴前也是如此。中国似乎没有经历过文艺复兴时期,却有着连绵不绝的复古主义。从宏观的文体史、思潮史角度看,要么损益着"诗三百"范式,这便是所谓的现实主义线索,其间的大节目是:乐府、新乐府、元白体,等等;要么是加减着楚辞骚体,这便是所谓的浪漫主义线索,主要节目是:汉赋、抒情小赋、咏怀诗、李白之古体、李贺之游仙,等等。前者与群体取加入姿态,除了"诗三百",尔后的却正是入不进去的"在野"之声。后者除汉赋夸饰颂圣外,一律是种放逐行吟的悲音。这种前后承传的连续性是文化稳定性的铁证,是华夏文明没有中断过的一个辅证,但也说明着其重复性、惰性。根源当然是唯物的:体制几千年未变,附皮之精神自然不会唯心主义地另谋生计、自建家园。所以每代文人似乎都是在重复体验着那些依然有效的"老问题"。所谓模式,其核心是个精神范式问题,而精神范式只不过是社会与文化心理结构的

---

* 本文原载于《周月亮集(卷四):元代文运》,江苏文艺出版社2013年版,收入本书时有改动。

一种符号化罢了。这从作诗的人极重用典、一些典故历久不衰，并能一直得到很生动、深刻的使用，就能微窥其堂奥。苏联一位汉学家把这种现象称为"引类问题"。他认为"引类"思维是中国艺术思维的一大特点，主要证据便是弥漫文坛的典故大搬家。

"楚臣去境、汉妾辞宫"这一天然佳联，成为钟嵘说明诗人"离群托诗以怨"的光辉范例（《诗品·序》）。角色虽是一男一女，但那"去"与"辞"的境遇却是同"类"，"忠而被谤""美而被丑"是原因，"辞"（自逐）与"去"（放逐）是结果，这个格局宿命般地隐括着文人的命运，也就成为意识到失败者的普遍自喻。屈原与王嫱恐怕是那些感兴联类的诗人借用最多的两个"典故"，对于屈原人们或正借（自况）、或反借（说屈原糊涂不如自己明智，尤多见于元曲中），对王嫱则是一律的同情、理解，偷运着自己对人生的悲凉总结。如李白的"今日汉宫人，明朝胡地妾"，诉说着人生无凭据的悲哀；杜甫的"一去紫台连朔漠，独留青冢向黄昏……千载琵琶作胡语，分明怨恨曲中论"，则是在告诉众生：人生前死后无不在悲凉中。唐人咏昭君者甚多，但在引发哲理方面不及宋人。欧阳修的《明妃曲》，引申到人间美女的普遍悲剧："红颜胜人多薄命，莫怨春风当自嗟。"这何尝只是"美女"的规律，不也是所有"美人香草"（屈原语义上的）的共相吗？所以王安石的《明妃曲》则结穴于："人生失意无南北。"王昭君成为所有失意人都来引的"类"，连晚清郭嵩焘受命出国，是"美能"得其所哉的事，还自比辞官之汉妾呢。郭氏太重现象，有点光荣与屈辱称兄道弟的不真实味。马致远的《汉宫秋》作为剧曲，"引类"之后还要扩充情节、细节，也扩大了马氏本人的意绪空间，遂有了颇为人们关注的"民族感情"。但还要深挖下去才得本味：民族感情也是由失败——汉妾和汉廷二而一的失败激发出来的。汉妾和汉廷合成一个"汉宫"。而"秋"则是"悲"的自然意象与别名，是一个至迟从宋玉发现"悲哉，秋之为气也"之后人们通用的关于悲的隐喻。

马致远的杂剧如同所有的元杂剧一样，差不多都是有本事的，也就是说，他在是"联类"抒感。而在曲词宾白中敢连绵缀典，则以马氏为最。进行典事类编不是本文的目的，指出"引类"特征，也意在为后边的捕风捉影、小题大作的联类论述奠定一个合理化的基础：文人如此作文，学子也可如此衡文。而且唯其如此，方能显示"规律"辐射之规模，此其一。其二，马致远与古代文人群体显然是个别与一般的关系，使之相互成全，能使彼此的含义由隐转显。

也由于引类思维的习惯，后人对先贤似乎总有点"再版"关系。本文凌乱地联类转喻，就是为了获致一份关于文人常规情结、文化品格的圆融理解。

文人认同女人

这是一个从文化心理上立意的比方，不是逻辑哲学那种高度精密周延的判断。不过，倒可以先大而无当地逻辑地推论一下，然后再举隅实证，以示逻辑的与历史的相统一的科学态度。

君权政治就是人对人压迫的封建专制。1603 年的詹姆斯王有句骑士味很浓的话："朕是夫君，整个英岛则是朕的法定妻子。"中国历代皇帝都重复着充满着地主土气的话："溥天之下，莫非王土"，"莫非王臣"，每个皇帝都要大选天下美女，那含意自然是她们"莫非王妾"。布朗有个不雅的比喻："国王是政体的勃起"，而且还有来自文化史的证据："在柬埔寨，国都中心殿堂里供奉着的生殖器（男性的）象征就代表着帝王。"简括地说，皇帝的"本我"需要女人，皇帝的"超我"需要文人。文人和女人也就这样历史逻辑地一同站在了形式的这一边。女人未必都愿意去后宫带发修行，但文人无不渴盼着君王召见，艳羡着"扬蛾入宠"，设计着自己的生命行程。"家国一体"是中国的特色，宫中有怨女，民家有弃妇……女人的含意就是"百年苦乐由他人"。"由他人"这一点是所有人苦乐的根由，文人对其更敏感，又能发言为声，于是，认同便自然发生。就说文人最实现自己的历史时期——唐朝吧，宫女怨（元稹等）、妓女悲（白居易、刘禹锡、杜牧），文人们写得既多且好，至于弃妇之悲鸣、女冠之隐哀（李商隐在夹缝中了结一生，故尤能与在僧俗夹缝中之女冠发生共鸣）、红颜薄命之浩叹，诚是诗国中美不胜收之景观。在文人最不实现自己的元朝呢？在质和量两种意义上都大有开拓。他们都是"奉旨填词柳三变"的嫡系传人。众所周知，柳三变开启了从生活到文学真正的与女人亲融的历史新篇章。

要排比文人认同女人的诗料、史实类编成书，那肯定比单本的董小宛、李香君花团锦簇，这里我只指出四种认同模式，希望会心极远的朋友再去呼朋引类。一是以自况为主要特色的屈原式的香草美人君王恋型的；一是寻求慰解的辛弃疾式的红巾翠袖揾英雄泪型的；一是发现了"同构"的白居易之同是沦落人的弃妇悲鸣型的；一是红颜薄命与文章憎命发生通感之有命无运型的。拈出而已，聊作对模式殿堂的菲薄的贡献，深论则俟之另文，然有一点必须点破，即模式虽多，导演却只是一个：失败。文人认同女人只不过是一种失败情绪的意象化，所谓认同，简言之是一种心理学上常说的"自居作用"。

才调绝伦的马神仙是否在生活中亲近女色，我学也陋、不知其详，但他的《青衫泪》杂剧是才子与女人亲融，互舔伤口，互听怨曲，颇可以用来论证"理解万岁"的。因为典出于一，与"同是沦落人型"的关系一目了然，而且也算红巾揾了文雄泪。《汉宫秋》写的正是"汉妾辞宫"，汉妾有命无运，而马致远却不是曹雪芹，倒大有"楚臣"心境，所以，此剧也是兼祧两户的过继儿子。作者心近楚臣的细小证据是对五鹿充宗、毛延寿、单于政治性的痛斥，作者也是借元帝之口骂元代与毛延寿同类相形的"忘恩咬主的贼禽兽"。作者心近楚臣的更大的证据是，他不选择窦娥、赵盼儿、谢天香等等，偏偏要选择王昭君。同为文人，马致远与关汉卿代表着不同走向，从现存散曲、剧曲看，关氏是升华型的，畅欲又抗争，总是去捕捉胜利，当然只是浪漫的或喜剧式的胜利。马氏是退缩型的，压抑又虚无，总是去体验失败。马氏这方面的标本当然是他那隐逸散曲与度脱杂剧。《王昭君》的写作动机与之相近处便是都要写失败。在某种意义上说，《汉宫秋》是马氏杂剧的一个全息现象：马氏的忧愤（元帝之骂）与退省怅惘（梦）等多种情绪都凝聚纠结于其中。而王嫱又比任风子等更能揭示人们那深隐又普遍的失败体验，任风子太个别了，王嫱现象才合情合理、历史与心理合一，从而更具有说明性。

王嫱恃"才"自傲，遂美而被丑（忠而被谤的转型），第一折她的上场诗开口就说:"十年未得见君王"(真有点现代荒诞剧的味道了),其实是在诉说着"退居永巷"、报国无门者共通的愤懑。最后昭君不为他人"作春色",投江而死,变动了原有故事间架正是为了"倾向上的合适",当然是明显地倾诉着作者的民族感情,这不也是投汨罗江之楚臣的民族感情吗?《梧桐雨》还有点女色亡国的味道,而此剧则倒过来,是国弱亡女、先后失败。马氏与王嫱在失败这个焦点上出现了"深刻的遇合":剧中王嫱动人之时是其尚未入宠、失去旧园之际。认同是模拟的基础,马致远写王嫱这两种状态时,达到了刘知几"貌异心同"之上品模拟的标准(《史通·模拟》)。

"心同"的根源是同处于绝对的依附性地位,永远立于失败之地、永远是被决定者。自由与幸福都来自不具有确定性的主人赏赐,它是那么飘忽、偶然,那么不依自己的意志为转移。实现自我、拥有自由的希望只是一种本能,绝不是个充分满足的事实。永远"遇合"着被动的那一面。"屡试不售"是文人传中出现频率极高的语汇。王嫱弹琵琶推销自己成功了(第一折),元帝还嘱咐:"你是必悄声儿接驾,我则怕六宫人攀例拨琵琶。"在这极不起眼的细微之处,融注了作家多少苦情的诙谐。王昭君是"售"了,还有多少无一技之长、"退居永巷"、倚门而立、"煞是怨望"的呢?王昭君实现了自己,就是"接驾"而已,还是个"接"!

当皇帝也沦为失败者、承担了只有平民才发生的失妻破家的悲剧时,作者也"微虫入感""一叶迎心""情以物迁"——从失败角度认同了他。有了充足的意识资源、有了来自潜意识的动人的"投入",这是三折、四折写成千古绝唱的保证。我们不用讨论人物与作者的关系这种常识性问题,也不是说二折前写元帝时没有"自居作用",只须补充说明那是一种李渔式的"自居":"我欲作人间才子,即为杜甫、李白之后身。我欲娶绝代佳人,即作王嫱、西施之原配"(《闲情偶寄》卷2)。没有这种"投入"不会有"体态是二十年挑剔就的温柔……脸儿有一千般说不尽的风流"那么色眯眯的妙句。这种自居作用的一个积极后果,就是把皇帝写成了"情种"。更深刻的、文化哲学层次上的认同是:当拥有无边无沿自由、占完一切主动的皇帝也成了一个防御性的被决定的角色时,深刻的遇合也发生了,也有了机能上的"同构"。皇帝作为失败者的愤懑、咒诅,对逝去的美好情境之深情追觅,还有那无法克服的孤独,不都是极生动而深刻、贴切的"代言"吗?后两折,无论是妃之宾白、还是帝之唱曲都流淌着一种叫作失败的悲鸣。"其中妙诀无多语,只有销魂与断肠"!因为扼住了失败这个致命点,马致远才使这个套版典故有了持久的挑动力。

说到底,文人遇合的是失败,失败使失败者"情往似赠,兴来如答"。感同心会,共契一也。

好梦难成亦难寻

《汉宫秋》第四折,当然是个情节的终点,不是务头、急处、关子,使人失去了对于情节的期待,却依然是个"富于包孕的片刻"(钱锺书语):一切都在梦境中。

因为悲剧后面有种种宗教的、哲学的、美学的解释,所以悲剧比喜剧高级成了自古以来就占优势的"公论"。"乐主散,一发而无余;忧主留,辗转而不尽,意味之浅深别矣。"但乐感却是人的本能,犹如弗洛伊德所说:本我是依快乐原则行事的。所以,当哭之长歌不能,也不会总唱,再痴执的诗人也要转移,非洲黑奴还有回头一笑的时候。怎样转移悲哀,最后成为一个凭什么超越悲剧的问题。能够用事实去克服的是伟人,而文人似乎更多的是用梦。梦成了中国文人转败为胜的"希望哲学"。不用梦去超越的就成了文雄,其文也就有了崇高感,如关汉卿的《单刀会》。这里说的"梦"与常说的"诗人是白日梦幻者"那个"梦"语义不同。后者是亨利·萨克斯说的"所有的诗艺和所有的诗情不过是对现实之梦的说明"那个"梦",是尼采说的"称做梦的希腊人是荷马,称荷马为做梦的希腊人"的"梦"。中国文人的梦有他的心理实用性,因此连梦也是再版化的。证据之一就是诗中之梦也是"引类思维"的。

《汉宫秋》中元帝的梦不是"枕上片时春梦中,行尽江南数千里"的那种快梦,也不是"梦见更相思,不如无梦时"的那种苦梦,而是李清照孀居时体验过的"梦好更难寻"之乐虚苦实梦。他之"高唐梦、苦难成"与事实上晚了千年，却是同朝出台的《梧桐雨》中的唐明皇之"好梦将成还惊觉"如出一辙。两个人的梦都在即与不即之间，引逗出浓厚的失意和忏悔。其梦的工作自然不离"仿同"与"集锦"二法，达成"梦思"与视觉意象间的相似与和谐。其"意念集团"却是"反梦"的——补偿不成！理想在梦中也没有变成现实。这真是最后一枪！纳兰性德最感慨的不就是连个"梦"也做不成吗？

陆游一生好写梦，那些梦差不多都是理想的变形。李商隐在诗中之梦里释放着无法明言的压抑。梦的确是中国文人的第二种生活，是他们代代相沿、持续不绝的幻想的锁链。他们往往在梦境中实现自己片刻，从而能够使现实中的屈服化为醒来后平静的期待。这份幻想满足是他们的继续存活下去的营养，是其苦闷生活的甜蜜补充。

马致远本人差不多已失去了做个好梦的热情和耐心。这主要是因为元代士子的失败是全军覆没般的。蒙古主子以金戈铁马的气魄一下子将整个文士集团都变成了夜哭的弃妇。不再用仕途诱惑他们来卖身投靠，也不用虚誉来煽动他们的欲火。有元一代，读书无用论如龙舟竞渡，一个比一个争着往狠里说（"不读书有权，不识字有钱"），更如三月杨花，纷纷扬扬，遍被华林，几乎没有一个弄笔的人没有流露过这种心曲。全力以赴，并以韧长的耐力和绝伦的才调终于摘取写"困煞布衣"这一流行歌曲桂冠的是"马神仙"。

马氏的散曲与剧曲已不止于一时的情绪宣泄，而是一种时代精神的归纳，一种抽象到"一般"高度的对人类情感形式的哲学解释。

关于马致远的退隐散曲与度脱杂剧人们已经说了千言万语，但多是侧重社会学、美学、史学的评说。从古代文学的模式性特征着眼，将其与所引之"类"进行纵向的对比，显而易见，马氏的隐逸，不再是魏晋人那种"志远而疏，心旷而放"的心态，没有了那份"游目骋怀""极视听之娱"的豪迈与"托运遇于领会兮，寄余命于寸阴"的悲凉，而是一碟以嘲弄为主味的拼盘。要作哲学描述，则马氏的度脱剧是种"观念幻觉"，对于不是"命悬君手"的别一世界寄予了过量的厚望。他认为人们蝇营狗苟的现实太龌龊了，度脱者证悟仙班之前，竟施"血亲暴力"就是一种变态的报复行为：自己不该来这个世界，更不该留下"孽种"。他彻底否定了尘世的价值，希冀在另一个世界获得永恒。他认定在人间没有什么永久性的胜利，无论是"曹操奸雄"，还是"霸王好汉"，到头来皆为虚无。所以，人间的一切都没有意义。虚无根源于失败情绪。男人当皇帝、女人作宠妃，都是"人极"了吧，也依然要被失败击中。这种虚无意念也建立在"想咱这百年之人，则在这捻指中间"（《岳阳楼》）的时间意识上，想到"死"这最后的取消，想到"狐踪与兔穴"吞噬了"多少豪杰"，便再难相信世界上有什么确定的东西了。更何况自己只是个百无一用的"多余人"呢？文人总是发出母鸡下蛋般的啼叫，只能被愿意吃蛋不愿听叫的主子视为多余。几千年帝制中的文人，尤其是那些拥有"认真状态"的文人，都是"多余人"。他们或者被抛出群体（放逐），或者因自己有精神能力、用意识超越了群体（自逐），总之，他宿命般地承包了"离群托诗以怨"这个苦闷的行业，替那些"有权""有钱"的人承受类的"基本焦虑"的煎熬。但马致远等面对着"上帝死了"般文化解体、转型的朝代，他们想借自嘲与嘲弄耸身一摇，将落水的悲哀抖去。他们去嘲弄生活的虚假性与非确定性（什么"功名纸半张"等），用自嘲建立起一种防御性，在被迫接受的事实中寻找"适世"的活法，从而产生些微自喜（"东篱醉也"）。自嘲与自喜便维系着一种离群逐走后的虚假和谐，实质是利用"分裂"（个人与社会的）来抵御痛苦，把逐走变成自在漂流，用感觉代替教条，从自然美景中截取一种"形而上"的满足，用退一步想，来获致生存的单一性与自在性。

　　汉元帝在戏台上想做个"高唐梦"，马致远在泥淖尘寰想做个"隐逸梦"（含同方向的度脱而去），都是一种反作用造型——用相反的方式替代受压抑愿望，说到底是在寻求想象中的满足。高唐梦、隐逸梦，一个导演、一个监制人——失败。隐逸、主动离群是由退缩寻求安全，类似遭受遗弃和伤害的儿童躲避痛苦的来源，直至拒绝一切尝试以免遭失败。就像元帝的团圆梦难成一样，那隐逸歌声，其实正诉说着那个社会的残破，而且也没有像"青山正补墙头缺"似的补圆马致远们的心灵。只是完具了他们泥涂轩冕的造型，给后人留下点转败为胜的话柄。

　　古代文人的进与退问题，最晚也是从孔子时代就开始了。到了元代，这个问题被畸形地突出了。文士们面对着满朝文武，都做了"毛延寿"这样一个"性格成熟"的人，身处于弃妇境遇，进，是热脸贴在冷屁股上（马致远本人"鲰生也狂"却只当了个闲官，汉文人只能当副职、闲官）。被荐用是极偶然的，如马氏《荐福碑》所写的那样。被放则是必然的，如《青衫泪》所说："你文章胜贾浪仙，诗篇压孟浩然，不能勾侍君王在九间朝殿。"退呢，又实在不能忘怀家国，又不想白来人世一趟。又没有新的政治制度、人事制度，他们无法作为一个独立的知识集团发挥作用，而政治制度之所以几千年来未变，盖因为中国始终都处在没有改进的农业文明阶段。林语堂说："道教（道家文化——引者注）乃乡村哲学。""道教为人们提供了儒教所未能提供的虚幻美妙的孩童世界。"这正是隐者必与道家通的内在成因。林语堂接着说："道教使中国人处于游戏状态，儒教使中国人处于工作状态，这就是为什么每个中国人在成功时是儒家，而失败时变成道家的原因。道家的自然主义，正是用来慰藉中国人受伤的心灵的止痛药膏。"农业文明基础上的封建专制，使人生选择的进退问题的哲学基础始终无法脱离与儒、道的关系，即使是马致远的自嘲与嘲弄从哲学深度上看并没有超出道家的自然浪漫主义对儒家的经典主义的嘲笑，到头来，也不过是一种顽皮的自我保护而已，牧歌情调细致地说明着农业文明的"精神作用"。一梦千年，马致远在元代又再版了一次那种"乡村哲学"。他个人的体会融入了剞劂版技术范围内的修版工作中。

爱而不能无家可归

失败可以分为若干细目：功利性的失势、意识性的失意、心理性的失落。事实性的失势使文人瑟缩一隅、牢骚满腹；意识性的失意使他们对景不乐，深感世界之滋味与咀蜡同；心理上的失落，则是文士失掉传统之后无家可归的漂泊。常常一个人被三者击中，其中失掉传统的支撑，再也找不到价值标准，没有了价值取向的依据，又不能窥见新文化黎明，恐怕是发生在他们身上的最后、也是最致命的一次掠夺。这当然根源于社会，是社会之乱七八糟，用十几年的时间就将几千年强力筑成的传统摧残得满目疮痍。

《荐福碑·油葫芦》："则这断简残编孔圣书，常则是养蠹鱼。我去这六经中柱下了死工夫。冻杀我也论语篇孟子解毛诗注，饿杀我也尚书云周易传春秋疏。……"

我们从中不能看出文士所担荷的传统破落后的窘迫吗？本来，传统文化对社会的约束、引导作用主要是通过文士去发挥、去普及、去延续的。马上得天下的游牧民族野匪不文，让汉文人失了业，意识形态的良性作用便无由发挥。事实上，全社会意识形态紊乱是元朝速亡的一个原因，没有了有效地起精神治疗作用的意识形态，压抑得不到释放和疏导，是天下终于大乱的心理基础。文人承担无传统的失落感倒是其次的事情，尽管这对文人来说是最苦不可言的打击。"夕阳西下，断肠人在天涯"不是最标准的苦儿流浪记吗？漂泊游子所承受的不是最痛苦的无家可归的孤弱无依的悲伤吗？失去精神上的根，无论是放逐还是自逐，无论是在田园，还是在官场，心中都空空荡荡。

尼采问："驴子可以是悲剧的吗？"（《偶像的黄昏》）因为这头驴为重担所压，不堪重载，亦不能掀弃背上之物。这恰似那游子胯下的瘦马（当然，瘦马是游子形象的隐喻）。能连那匹马也度脱吗？马氏度脱剧中的受度脱者都是有"夙根"的，而文士情有独钟的爱心使他们先斩了自己的"夙根"，更无施"血亲暴力"之决绝。他们只能当那头驴、或瘦马，迎着西风盘桓在古道上（古道可视为传统的转喻），寻寻觅觅，冷冷清清，凄凄惨惨戚戚。爱心与超越这两种意识能力使他们陷入两难之尴尬中，使他们无论在江湖还是在魏阙都是边缘人、尴尬人。这差不多是传统文人成了传统的心理情结。君不见苏轼乎？

绝了晋升、进身之路的元代文人，既看见了食，也看见了钩，想克服爱心与超越、进与退这个平面性的"吊诡"难题，于是挤出浩浩荡荡的嘲讽谑音。元代嘲讽之发达，成为中国美学史上空前的壮观现象：散曲中的调侃、挖苦、诙谐、苦情幽默俯拾俱是；杂剧中喜剧性的关目安排达到乱七八糟程度；宾白中粗俗的插科打诨泛滥成灾；等等，都从不同角度、不同层次说明"嘲弄"心态已成为元代文人的习惯，习惯到了本能程度，失去了理性的节制（如几乎不考虑该不该用、合适不合适等）。"嘲弄"是元代文人精神失范后分泌出的杂色果，既显示着某种解放，也暴露着某种混浊与凌乱。他们似乎唯有在嘲弄时才获得、才感到一种"趣"。所以才对此乐而不疲、众皆趋鹜。趣味只能产生于一定程度的超脱心境,这是美学上的常规。这种"嘲弄趣"使他们在两难尴尬中消除了一些紧张,尝到了些许释放后的轻松。马致远久获推崇的秘密其实并不在其"朝阳鸣凤"般的高贵典丽,而在其能将嘲弄心态转变成爽朗、高亢的形式美。他那份隐逸情形成一股超脱力,并没有在现实中获得结果,却在美学天地里收获了喜剧的"正果"。如果说关汉卿以"悲壮"获得后世人民的敬重(尽管他本人写嘲弄既多也好),那马致远则主要以这化成形式美的"嘲弄"赢得后世文人的倾心。关氏是以富有凝聚力的悲愤震撼人心,马氏则以发散性的聪慧睿智、启迪性的哲思开启人们的会心。马氏那些神仙道化剧的真正魅力正在这里,那些悲愤欲绝的失意与愤慨变成了一种形式感很强的"趣"后,才成为"文"——"言之不文,行之不远"。

嘲弄的底部是怀疑哲学。精神失范了才有铺天盖地的怀疑。从圣贤书、读书本身到功名及历史,直至所有曾经被认为是有不朽价值的,包括道德上的贤、善,马致远都怀疑了(散曲与剧中的曲白),但他毕竟还得做"梦",即使是做隐逸、度脱梦,也表达了一种坚信:坚信由人性的内涵自身的力量就可达超越,凭着超越这心理能力,人可以在尘世生活中臻达神仙之境。可是只要一坚信,便逻辑地取消了怀疑。事实上便成了嘲弄一切,而这嘲弄也只是个失败之后嬉皮笑脸的"四不像"。嘲弄能摆脱柔弱和伤感,陷入一种兴高采烈的仇恨中,这也同样使主体寸步难行。如马氏度脱剧是有点宗教指向的,稀里糊涂地说着漫漫迷途终有回归的声音,但不严肃(这是反宗教的)的诙谐又湮没了这种声音,只在情节的叙述性中剩下那么一点意思,于情调中简直荡然无存。这时的嘲弄反而是对尘世眷恋的表现,是在对爱而不成的对象的起哄。不过,毕竟与死心塌地的奴才心态拉开了距离。

纵观中国古代文人心理,怀疑始终斗不过,也代替不了眷恋爱心,追求不朽便是铁证。儒家号召去立德、立功、立言,道家号召通过与自然合一来还原于"道",全真教的"修混沌"亦如此立意。追求永恒根源于爱心,放逐后的悲哀与隐逸后的自嘲都根源于爱心,爱心是人性内涵的一个最噬心的注解。失败落实到心理上便是爱而不得、欲而不能。爱欲,对于有自我意识的文人来说便体验到一种自觉的自恋，几乎可以说自恋是中国文人的总账。"士不遇"的感慨从屈原、司马迁到龚自珍一以贯之。马致远也超脱不了，他不放弃"佐国心"，所以悲哀、愤激，甚至不惜以"血亲暴力"度脱自己，其实都是一种"反作用造型"。神仙是想象的产物，而想象是一种情感的延伸。马致远的隐逸散曲与度脱剧，其情感值段都定位于"告别"之际，其超越的情思相对有效地克服着自恋必媚俗的那一面，然而，他只是指示残破，终难达成庄子设立的"心斋""坐忘"的境界。因为，他依然有着文人代代相传的"君王恋"。他的创作事实上提供了一个停歇站（停歇在存在与忘却之间、媚俗与超越之间），成为无以用志者的歇脚处，等待着戈多（《等待戈多》是西方现代荒诞剧，久等不至，有无戈多成为问题。）。

　　这几乎是文人的劫数，直到伟大的吴敬梓、曹雪芹，尽管他俩真超越了"士不遇"模式，却超越不了那结构性的规定。他们写着"补天"必然破产，还依然寄希望"情情"自救（《红楼梦》）、理性自赎（《儒林外史》），他们明知"研究"人性根本无助于刷新那"奈何天""五河县"，但还是无怨无悔地秉持着拯救欲，首阳山上的草也是周天子的，"驴子"总得驮着这个悖论，意识到悲剧也白搭！希望"天公重抖擞"的龚自珍也只能成为兼得亦剑亦箫之美者，己亥仓皇出都尚兀自表达着"弃妇丁宁嘱小姑"的深情厚意，并再三致"化作春泥更护花"的落花之爱意。文人失败的结构性机制本身就包含着永劫回归这一属性。别看元代文人嘲讽屈原，其实他们抨击社会贤愚不分时，不正是以"香草"自居、不正是"香草美人"剧的再版吗？他们"偶倡优而不辞"，去坊间寻找安慰与实现，不又是一番揾泪运动？恐怕不再是辛弃疾般的英雄泪了，因为英雄主义已历史地告别了学会了嘲弄的元代文人。由于体制的原因旧式文人不可能成为新文化战士，连康有为最后还以"保皇"终呢。有了新文明的嵌入，才可能有性质上的变化。当文士变成战士时，驴子便成了自奋蹄的骏马，那是到了孙文的时代、到了"五四"时候的事情了。重复了千年的"再版模式"成了局部现象，多元化的社会机制使智者可以另立锅灶了。岁月终于出现了断层。战士的失败，才是真正的时代的悲哀、人类的悲剧、历史对于人本身的嘲弄。

认同·幻想·表述*
——关汉卿的悲剧

鲁迅先生说：中国的纪念往往是一种仪式，为了使我们对鲁迅先生和关汉卿的纪念不致成为仪式，我们必须继承鲁迅先生改造国民性的使命，必须科学分析关汉卿剧作所展示的文化品格。

表述与表达

分清一个作家什么地方只是最一般的表述，又创造性地向人类表达了什么，应是我们的研究起点。这是一对作价值判断的范畴，运用于意义评估，这里暂不作内在机制上的复杂分析。粗略地说，表述是在既成的理性结构规约下的陈述，是一种以认可为前提的复述对象的活动，近乎于伦理学中的"无人称的价值判断"。而表达却向人类提供了新的情感形式，新感性是其起点，郁勃的个性情思，不吐不快的生命倾诉充沛地贯穿于其过程，其美学效应就是对异己世界完成了一种克服，在这个意义上我相信了海德格尔语言是人的存在状态的命题。

举个不证自明的例子：《红楼梦》是在表达，而其前后的才子佳人小说只是表述。

我认为，关汉卿现存剧作达到表达水平的只有《单刀会》《救风尘》《望

---

* 本文原载于《周月亮集（卷四）：元代文运》，江苏文艺出版社2013年版，收入本书时有改动。

江亭》《窦娥冤》，这4种之中也有相当量度的表述成分。而其表述级的剧作可分为有道德规约表述和无道德规约表述两种。在名剧《窦娥冤》中，因封建道德对形象的精神格局、情节结局、作品的基本观念的深入肌理的笼罩支配作用，使其很大程度上沦为有道德规约的表述。前二折突出的是窦娥对蔡婆要嫁二夫的调侃嘲讽，从而使窦娥成为符合妇德的洁白之人。她与张驴的冲突只是推动情节发展的条件因素，没有成为人格观念交锋的主战场。作者为完成道德陈述，使"冤"的基点仅仅建立在无罪获罪上，没有开掘到"世界是荒谬的"深变，对其无罪的辩白又极力从道德出发。平反的程序先从道德上予以正名：不存在药杀公公的问题，而后再从刑名上为其昭雪。桃杌枉法错判因他在道德上出了问题，本是个"滥官污吏"！法本身还是完好的！用道德判断代替人性、历史的判断，使关汉卿只能认可封建观念，尽管其语词本色当行、潇洒漂亮，但从价值形态上说它依然只是表述，说其否定了封建制度只是诔古之词。

《窦娥冤》一剧达到表达级的辉煌之处当然是在第三折，当她在前二折依据礼教否定蔡婆时，思想上只是重复着圣贤训诫，其个人意志被既成的伦理规则取代淹没，只能囿于成见喋喋不休地谈论着眼下之事，她只是在表述自己。而当她的生命临界零点时，套在生命上的观念枷锁也趋于零点（有人至死不觉，生命也等于零），成了"敞开者"，从而能够直面生命的存在本身，英勇饮刃前的不屈意志体验到了人生的真实的深渊境遇，于一片死寂中唤醒了对存在的思考，觉醒到了世道的不公、社会上高高标举的观念之假。破除了过去基于愚昧的"平板状态"的和谐平静，以诗的语言（破除了观念之"法执"的语言）发出一声呐喊，发出了呼唤的宏声，在个人意志绝望的抗议中出现了高扬生命价值的崇高精神，在"自由"地倾诉着生命的真实要求时完成了动人的表达。当然是关汉卿在表达。在这表达的过程中达到了对于某种实在的体认，穿透了已是异化了文化的浓烟浊雾，诞生了人对生命直接审视的美学力量。表述是对异化的认同，表达是对异化的挣脱。表述使人无家可归，表达寻觅着大写的人的家园。表述和表达不但揭示着，而且确立着人的存在的命运和人的生存态度。关汉卿葆有直接审视生命的美学态度时才拥有了表达的能力，才表达出可贵的斗争意志，简言之：道德意识使他陷入庸凡的表述，美学力量使他实现了显示人性的深度与尊严的表达。表述使他渲染着易于为人的弱点所接受的东西，将猥琐的生存当作存在的最高典范和最终目的，使他成为文化庸人；而表达使他进入一个敞开世界，投一束光亮照彻暗夜的深渊，人们会奉他为盗火者、美的播种者。

美只是瞬间的事情。而道德伦理对中国古人来说却是深深地融化到了血液中的上帝，统治到了潜意识的深层，成为不证自明的公理。这公理不但成为最深入人心的常识，而且成为迎接刺激的思维定式，形成了中国的"思维的伦理化"传统：既不从对象本身出发，也不回到对象，而是以对象的伦理功用取代了对象本身。这种思维模式已成为中国古代隐文化的核心支柱。这也是"治者"治成的。其中，尽管在被治之中，却又"站惯了"的封建士子含茹而成的乐感文化，立下了汗马功劳：它将外在的伦理天条内化为感性生命，完成了制度与心理的沟通，这种思维模式见出严重的历史后果已到了宋代，元代虽发生了一点文化断裂，但"宋为金元治心"（鲁迅语），使大作家关汉卿亦不得不在有道德规约表述的层面爬行。

《蝴蝶梦》剧基本上素被肯定。以为智斩鲁斋郎，颇有人民性。其实那并非本剧的情感重心，作者着力表彰的是王婆母子的道德力量。起初包拯审案与桃杌没有什么不同，如王小三所说："比问牛的省力气"，一味地"不打不招，张千，与我加力打者"。是王婆母子，"为母者大贤，为子者至孝，为母者与陶孟同列，为子者与曾、闵无二"的道德水平感动了包拯，从而既不合历史实际，也不合逻辑地让王三得官、让王婆得褒封。支撑王婆的是"郭巨埋儿""鲁义姑"等道德榜样。她固然也曾骂官，但那只是作者让她当"新"贤母的铺垫，写其思想转变也就立起了清官纪念碑。让人们怀着清官崇拜的情思生活在一个没有道理可讲的世界里。体现了作者以清代滥、以德化世的救世良方，"似此三从四德可褒封。贞烈贤达宜请俸"，这是关汉卿让包拯得出的结论。而且，关汉卿对桃杌、鲁斋郎、葛彪等的批判仅仅是依据正宗道德对低于这种道德的批判，谴责的是他们那些"超法度"的行径，旧理性规约下的表述使关汉卿达到的只是一种当时良民都可能达到的、最起码的道德水平，不足以显示大师的光芒，大师的高度不应止于此。

关汉卿固然不是五伦完备派、封建救世军，绝不是高明那种教化欲极强的牧师型人物。但关汉卿依然在封建伦理大堤前触了礁，其所表述的不是让人洞悉那个断裂破碎的世界的荒谬性，却是用道德来拯救那个荒谬的世界，道德在他那里成了弥缝的材料。基于他大量释述孔孟典则（体现在结构情节、人物语词等方面）的事实，我们似乎可以判断：它们已内化为关汉卿解释人的存在、行为方式的一种元伦理的标准，从而在"人"这个领域犯了一个本体论的错误。道德意识的要义就在于价值的揭示，关汉卿在这个层面上揭示出的东西，大体上再也没有理由假借我们的研究传播下去了。

其无道德规约的表述存在于他那表现浪子风流的作品中，依然没有达到什么划时代的高度，限于篇幅我还是只能抽样举例。《谢天香》中没有正宗道德的体现者，没有拉开善与恶搏斗的战场，只是一个人为制造的小误会，虽倾注了对妓女生涯的同情，但并未歌颂柳谢之间似有实无的感情。谢天香空守3年，牢骚满腹，知悉将被钱府尹正式"纳之"，欣喜无限，没有对柳永表示留恋和歉疚。

"匪妓"要从良管他姓钱姓王，花七柳七，依旧是副"夜夜从人夜夜新"的妓女脾气。在对妓女心态神情毫无遗憾的体验刻画中，没有丝毫谴责意味，是无道德规约的表述，似乎比表述节孝之道有些生命气息。然而，不幸得很，出了虎穴，又陷狼窝。它与有元一代的"玩世"主题剧作交相辉映，并不能使它们相形见绌。与《李太白匹配金钱记》《陶学士醉写风光好》《杜牧之诗酒扬州梦》等等，完全是同一地平线上的无聊文学，充分暴露了封建士子的"玩性格"而已。依然没有达到对异化的情感克服，只不过是一种由僵尸到活尸的变迁罢了。终于是表述。

因为这种无道德规约的表述也依然体现了一种古已有之的人生准则：用浪子风流的快乐论代替封建功利论，然而这种快乐论不是自救的方舟，却恰是溺河一条。放浪固然逃离了"修身治国"的正统道路，但还是在封建制度的"縠中"，那是皇家为排除作乱因素，故意让妓女消磨士子的才智性灵的一种政治安排。龚自珍就在《京师乐籍说》中分析了士子牺牲于此的可悲性，尽管此公与汉卿一样于此道乐而不疲，但毕竟显示了一份具有历史感的清醒。而关汉卿在浪子风情的表述中有一种迷失本性的陶醉，于其中展示出一个幻想满足的世界。

幻想满足与乐感文化

李泽厚先生在《中国古代思想史论》中将传统的"人生观念和生活信仰"名之曰"乐感文化"是恰切的，并认为"'乐'在中国哲学中实际具有本体的意义，它正是一种天人合一的成果和表现"，也是极为深刻准确的，但李泽厚先生希望缘此原型结构改造出"现代型"的乐观力量，则是一种廉价的抽象。抽取出共时性的空框结构再加入新的具体历时性的内容，只是实验室里真空管中的预拟性的积木图像，你可以逻辑地建构无数真的模型，但历史的"真本身"也可以与你那模型毫不相干。李先生只是逻辑地处理着语词，而没有研究"实在"，借用维特根斯坦一句话说就是"处理的是网，而不是网所描画的东西"。高层次的理论文化只是圣贤们的精美语言，与积淀为实体性的民族文化心理有着千奇百怪的差异。李先生拿着一个刚度极大而质量为零的阿基米德式的"理想杠杆"去"拯救观象"，像毕达哥拉斯学派一样把形式关系强加在杂乱无章的现象上，在肚子还没吃饱的今天却放眼已经脑满肠肥的后工业社会，就不得不采用目的论的解释法，即预先假定未来的事态决定现在事态展开的方式的方法，来拟定传统与今天的过渡模式，其实是将目的因强加在形式因上，又忽视了质料因、作用因的存在和真实的功能。从而只是拟定了一个顺应某种现象的假说，提供了一个过分相信传统与现在线性因果联系的迷信的神话。

我相信李先生对乐感文化的认定，并基于他勾勒的线索进一步认定：乐感文化的作俑者与传播者是封建士子，是他们在悠久的依附性生涯中总结出来的一个进亦乐、退亦乐的价值体系。我想借用文学这个感性的本能的民族世界观（别林斯基语）来看乐感文化实体性层面（质料因、作用因）的本相（李先生截取的是玄虚层，为了方便继承）。因为我相信：圣贤有几人？状元

也没多少！能显示民族真实的世界观的是那感性的本能的生存、行为方式和思维定式，而不是几则圣贤格言。本文说的是元代文学，关汉卿作为一代巨匠，其作品可视为元代文学的一种较为典型的代表，可以提供乐感文化的实体性证明。我们对其稍作粗略的分析即可看出：无往不乐的审美型的乐感文化以心理情感原则的幻想性为基点和运思形式，又以生物性的实用的满足为原发目的，在作为形式因的和谐的背后，绝不是人去化自然的乐观战斗精神，倒是任凭自然来化并无条件地追求着自我满足的犬儒人生哲学。诚然是太审美型的了，然而只是做戏苟安的随机主义而已。与美毫不相干，与健康进取的乐观态度也毫不相干。美属于克服异化的行动，"乐感"则是病态的、积非成是的幻想自欺，这种幻想自欺又有进而揩油退而苟活两种姿态。

　　文学的代偿满足的功能，成为乐感文化的优良载体和温床，代代封建士子都"随才器使"地将其作为表述幻想、在虚拟中获得满足的工具。元代士子已在仕途政界、现实功名上失去很多，已经相当程度地从利益上割断了与正统的联系，然而旧有文化连续延展着，还居然是支配人观念的命令体系，依然控制着士子们的生存态度，他们高歌隐逸时，吐纳着"酸葡萄"的残核；沉湎风情时，做着驷马高车、势剑金牌的美梦。祈盼明君、渴望荣显，依然是他们最核心的思想感情，因为他们不但心甘情愿而且是更强烈地渴望接受制度这个"天"来"合"他们这个"人"。《玉镜台》中的正末温峤出场就说："想方今贤臣登用，际遇圣主，觑得富贵容易。"显然不是元代士子的真实际遇，只是关汉卿的心中幻想而已，这种渴望明君圣主的思想，是由事实上的匮乏滋生的。他的已失传的《立宣帝》《赵太祖》当是正面呼唤明君之作。中国人心中很少有神话的图腾意识，只仰仗着明智的治者，制度的规约性使明君幻想几乎衍生演化成一种图腾崇拜。这也是士子们的实用理性的产物，因为他们都做着当高官的"实用"的梦。温峤"五言诗作了上天梯，首榜上标了姓名，当殿下脱了白衣"。王府尹"十年前是一书生"，如今，他们"帽檐相接御楼前，靴踪不离金阶上"。过着"出则高牙大纛，入则峻宇雕墙，万里雷霆驱号令，一天星斗焕文章"的荣华生活，这些当然都是圣主的隆恩。明君幻想与高官梦想是二位一体的，明君幻想的实用性有大量的御赐渴望为证，此处简说两类：势剑金牌与恩赐鸳鸯会。渴望"势剑"与元杂剧中的清官崇拜，显示了文人建功立业、释民倒悬的热望，窦天章是显例和榜样。相对的人民性是有些的，但维系正常统治的意愿又绝对明显。而金牌既是高官的标志又往往是鸳鸯会的必要条件。关汉卿在《拜月亭》剧尾说得很明白："骤将他职位迁，中京内做行院，把虎头金牌腰内悬"，才有了"恩赐鸳鸯会"的大团圆。在《玉镜台》剧中，因为玉镜台是御赐之物，刘倩英之母不敢摔碎之，才完成其骗婚信物的使命。而且最后是御赐水墨宴才实现了"夫妇两团圆"，也是出"恩赐鸳鸯会"，御赐鸳鸯会没有丝毫真实根据，支撑它的只是穷极无聊的幻想，这种勾栏调笑与御赐团圆合成的杂色活现了士大夫文化的位置和性质：这是个中间层依附性的存活物，很难将底层的意愿达于上廷，却极易将皇家的诱惑播散到民间，事实上做着造"醉虾"（鲁迅语）的工作。表述总有大量的同类簇拥:《杜蕊娘智赏金线池》《谢金莲诗酒红梨花》《钱大尹智宠谢天香》等等，构成了一种才子加妓女的"X＋Y结构"，而"团圆大排宴"是共同的结局，不但团圆了，而且再三重复着"吃饭主义"！也许"筵席文化"本是乐感文化家族中的前卫和殿军。

乐感文化确实成就了中国人把礼等理性的内容还原落实于感性世界、日常生活的"人生快乐"之中的生活态度，然而这"乐"一旦获得了本体地位之后，大贤真儒之外的士子们很难不走样地恪守其真义。其实际真相却是把礼当牌坊，把乐"三突出"后凝聚为性，《玉镜台》中温峤的全部表演都贯穿着感官快乐与大学士职业的暗比，为了得到"花比腮庞，花不成装。玉比肌肪，玉不生光"的刘倩英，他不含糊地说："便误了翰林院编修有甚忙？"在洞房之中，温峤跟刘倩英进行了礼教辩论，不但未能减缓他的占有欲，反而借以达到了占有的目的。第二折中温峤的全部唱词都是"性推测""性幻想"，尤其是【煞尾】一曲百般渲染了幻想中的直接生物性的性满足，什么柏拉图式、骑士精神的爱与这号人是绝缘的。鲁迅先生抨击过那种见了胳膊想裸体，进而想到性交的心理，并痛慨地指出：中国人的想象力唯独在这方面特别发达。有元一代"性文学"发达兴旺，在中国文学史中对性行为进行直接细致的描绘就首次出现在元杂剧（《〈西厢记〉酬柬》）中，这与士子们的匮乏、有闲有关系，与其任情恣乐的人生态度有关系，更与乐感文化将感性满足作为指标的范导有直接关系。

乐感文化派生了幻想原则，幻想又养育了乐感。能用幻想来满足，乐感便有了无条件的保证。明君幻想是他们对制度的实用态度的延伸，高官与性幻想是他们的幸福指标，这几种幻想合成了士子期待的生存模式及人生态度——广义的文化，幻想满足揭示了乐感文化的真实的实体性的含义。

李泽厚先生准确地指出了乐感文化的和谐内质：与外在环境的和谐、自身内在自然欲求的和谐——天人合一。然而，这并不是作为主体的人的胜利，恰恰是主体被吞噬的一种证明。无主体是这种哲学所要求的起点和成果。从史的角度说，天人合一是神权目的论，意在证明天的第一性；封建制度中的人，包括士子在内，从来没有取得过做人的权利，永远是另外一个更高的存在物——天也好天子也好的下酒小菜，有趣的是，越是无主体、越逼出唯我论，而唯我论与纯粹的实在论是一致的：自我缩小至无限延展的点以处处与实在相契合，便自然形成这种意义上的主客观同一的审美型人生态度，它显然是被残酷的历史压榨而成的，这种史的压榨逼得其自身必然是以"虚己应物"、后退一步为逻辑起点。绝大部分封建士子前赴后继地谱写了这样一部活心理学史；行动、事实上后退一步，再用幻想心造一个快乐的法门，从而保证了"可游可乐"人生形式的万古长青。

几千年不谓不古，常青的却是这失败主义者的苟活的求生哲学，经不断精致的加工，再由于语言的遮蔽性，它终于形成一套玲珑剔透的催眠术、木乃伊情结之一种、死本能的生表象，有些作家为掩饰怯懦，只显隐士神仙的飘逸，不写屈辱，只写光荣。倒是关汉卿还现实主义一点，在《鲁斋郎》剧中，写了张珪历经骄横，不得已才隐归"安乐窝"的过程，客观上以其一生经历隐括了这种文化的内在行程和真实意蕴。他"幼习儒业，后进身为吏"，是基数较大的那部分士子，具有说明问题的覆盖率。作者一开始对他有所暴露，让他自画了羊前是狼的凶相："刁瞪无良善"，害民肥私图淫乐。之后，又展示出其在鲁斋郎这样的狼前是羊的奴才丑态："少不得把屎做糕咽"。他竟能亲自"送货上门"，拱手将妻交给花花太岁，还不无自嘲地说："他如今只要你做个夫人，也还算是好的。"是典型的丢了一元而庆幸不是一百的退一步苟且法术，是一副没有了丝毫血气的乌龟品格。正是这品格使他成为"梦醒人"，而不是"匕首杀仇"的英勇的复仇者。他跟谁也没办法，便选择了龟缩之路："再休题掌刑名都孔目，做英雄大丈夫，也只是野人自爱山中宿，眼看那幼子娇妻，我可也做不得主。""山中宿"原是不得已，但非要标榜是"自爱"；做不了主，便索性放弃全部做人的资格，这便是我们的总账。

他们永远在自我满足中作着歪曲的人生总结："不是我张孔目从来懦，他那云阳市剑下分，我去那华山顶峰头卧。"谁也不欠谁的了！不但解脱了夺妻大恨，反而庆幸"我舍了个娇娥，早先寻安乐窝"。而因贪图那娇娥，"鲁斋郎哥哥惹下杀人祸！"发妻在解脱者心中也成祸水了，他的兽性水平不是比鲁斋郎更高吗？仰仗天理去扶正，自己放弃任何责任（也算天人合一之一格），他欺我顺、他倒我笑的封建士子不是能车载斗量吗？装怯作勇，以懦为智，是否可以作为这龟缩性质的乐感文化的象征性概括呢？

张珪出家并不存在厌倦了"名利场上苦奔波……蜗牛角上争人我"的问题，关汉卿却让他这样表白着，而且当他醒悟出家之后，关汉卿就不再调侃讥讽，而且什么"且图个五柳婆娑""笑指那落叶辞柯"，已分明是关汉卿的自赏了，这些有力地证明了是关汉卿给予了他这条乐感之路，是关汉卿用自己的观念将这个形象支撑起来的。我骤然明白了中国从古至今的有为之士都尚任侠的原因和价值。商三官有言：天地单为汝弟兄生一包公阎老耶？（《聊斋志异·商三官》）而伟大的关汉卿却宣扬着这种以耻为荣、化耻为荣的人生技艺，而且必然会团圆，团圆了便立刻谢主隆恩！与明君幻想、清官崇拜接茬戏一圆圈，显示了"天人合一"的完整性。而且"俺还俗的也不误了正果"。全面胜利了：世界是圆满的！

关汉卿剧作所展示的这个幻想满足的世界完整地展现了以隐为起点、以玩为过程、以圆满为目的的乐感文化的逻辑行程。月印百川、理一分殊，关汉卿只是以叙述体的戏剧搬演了一番而已。乐感文化的实质即是游戏人生的态度，就是鲁迅先生说的中国人将做戏与做事当成一回事！其雕塑出来的国民性便是"玩性格"，隐逸风流与浪子风流都统一于"玩"，一是玩于山林，一是玩于青楼，地点不同罢了。明君幻想通着"大隐隐于朝"，当高官是为了玩得更排场，温峤是翰林院里的"玩性格"，而张珪从官府衙门玩向山林寺庙，活脱完整地揭示着这号人从不得已到自觉自欺的过程。如果直接说阿Q是乐感文化的结晶、典范，一定有人以为过分，但仔细看看神州大地上，古往今来如过河之鲫的张珪们，就会感叹斯言良有以也。如果李泽厚先生不能将阿Q与"民族魂"之间画上等号，那么，乐感文化与乐观战斗精神只能是对立的敌人，正如它们曾经所是的那样！

认同与否定

将乐感文化归结为退（泯灭意志获得"怯懦快感"的大儒哲学）和玩（嬉戏人生渴求"揩油"的大儒哲学）是担着些以偏概全的风险的。现在退一步说：经由关汉卿认同而体现出的似乎非此莫属。

认同使封建时代的代代文人士子都扮演着可怜的角色，政教合一的大一统体制，使他们只有认同旧有文化、钦定规则的义务，没有独立思考总结人生经验的权利。久之，也便放弃了这种自觉。何况中国文化又是"规范异化"的典范，迫使士子们像一个在画好的圈子里打转的母鸡，永远也难迈出既定的界限、前赴后继地画着同心圆，他们眼睛里流露出的是经过催眠的目光，再为圣贤立言，更是让别人也昏迷的催眠曲。"述而不作"已有圣贤现身立法，道德成为"前意识"拥有了"先验"的规约性，使表述原则内化到他们的血肉生命之中，这对他们是命定的在劫难逃的。每个人似乎都加入了自己的貌似全新的生命感受，但无数个体却唱着同一支哑涩的歌。乐感固然有个人性，但文化品格却在"月印百川"的划一之中，元散曲、元杂剧的雷同现象是那么刺目便是明证，关汉卿不过班头领袖而已。当他用幻想原则象征性回答人生问题时，圆满又作为当然的目的论，就只能用调和法将诸色人等都上"幽榜"：

王谢得嫁状元郎（《拜月亭》《谢天香》），燕燕将息在侧房（《调风月》）。王婆家一门荣贵（《蝴蝶梦》），张李郎妻女团圆（《鲁斋郎》）。窦娥冤平反昭雪,赵、谭智胜色情狂(《救风尘》《望江亭》)。善恶有报莫惆怅,关作剧显正道沧桑。

认同产生表述,认同使关汉卿在劫难逃地从事着为治者教化顺民的文化庸人的工作,王婆由伟大的不平家变成了歌德颂圣人士,张珪丢了妻子家园还得谢主隆恩,燕燕斗争一番坐稳了奴隶,即告胜利。谢天香、杜蕊娘由"不道德"的妓女,完成了妓女道德名分上的转变升迁,从而也拥有了顺民的美满。中国古典文学的确是使人感情如此适度的"政府",但这种美德与满足的信条只能使人变得更加渺小。圆满目的论是这种艺术与生俱来的特质,从而蜕变成"木乃伊情结"便是必然的了。这确实是生活的反映,关汉卿也不是始作俑者,只是此公不甘寂寞,非要扮演伟大定约者的形象。又扩张着如此这般的生活,不甘心让那辆将翻的破车跌落,善意地让车上人惬意地了结此岸的岁月。这是一个令人触目惊心的悲剧:那么一位有天分的大作家在旧文化的遮蔽下付出了失去可以永恒的代价。尽管他建立了那个时代的剧作高峰,但其十分之八九的身段依然陷在封建的汪洋大海之中,天才在那大海之中也会被同化为庸人。

对于他本人来说,美也只是瞬间的事情,我们纪念他是因为他表达过美、提供了可以告诉未来的行动哲学。中国传统文化决不就是乐感文化这一种,国民性也不是只有"玩性格"。文化是个多元体,个体生命的感性含有冲决旧理性的本能。个体个性要超越旧文化羁绊,在旧文化的包围中垂直升腾,唯有解放感性,全力投入对新感性的表达过程,这个表达包括语言和行动。感性新旧的标准就看其对旧理性的态度是否定还是认同,认同使关汉卿的否定、对现世的批判只能得出旧理性规范题中应有之义的结论,如他对鲁斋郎、葛彪的道德化批判。然而,他有的否定也否定了那种认同,只有走出了压有图式的和谐,才能写出《窦娥冤》第三折。失去了合理性的现存性对她的否定成了不可逆转的事实,完成了必然对自由否定的悲剧,而她的抗争也否定着那必然性,这否定成为一种精神:为生之自由而斗争的精神,这种精神为美是自由的象征这一可成立的命题灌注了鲜活的血液。关大王以"不道德"的行动赢得了崇高美感,《单刀会》成为征服型崇高的代表作,赵盼儿也以"不

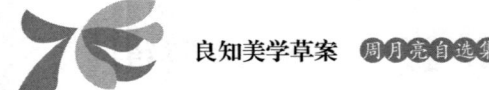

道德"的手段剥夺了剥夺者,《救风尘》成为嘲弄型喜剧的范例。他们有一个共同特征：突破了奴性人格，表现出了选择和承担艰难的勇气，将自己的生命投入真实的行动。关羽雄伟的英雄主义气势、赵盼儿的清醒悲凉及其智慧风貌、窦娥挣脱了忍耐服从，表现出绝望的抗争，这些都超越了乐感文化的规范，从而形成一种动人的表达，它表达出了对现存秩序的抗议，对力度与智慧的呼唤，这三者的起点是否定，而真实有效的否定包含着不自欺的行动。否定、不自欺、行动三者合一，庶几乎可破除天人合一之乐感的骗局，没有行动永无超生之日！

　　这诚然有些矛盾，囿于"乐感"又透露了破除之的消息，这是关汉卿的表述与表达的矛盾，这是个悲剧性的矛盾，也构成了关汉卿的悲剧。认同旧规范使他陷入表述，其表述级的剧作可以作为展览进化轨迹的化石，使后人借以知晓祖先曾经那么丑陋。解放了的感觉代替了旧理性的幻想时，他表达出动人的呼唤"否定、清醒、力量"的行动哲学，在争自由的历史行程中薪尽火传神不灭！没有后者关汉卿也就失去了承担悲剧的资格，关汉卿的悲剧启示我们：只有表达，别无选择！

误解与反讽：略论《儒林外史》所揭示的文化与现状的矛盾[*]

  吴敬梓的出现意味着文化知识人作为真正的叙事人（而不是代言人）出现在中国小说史上：文人以文人的视界、价值标准来打量这个世界，用文人的语言、叙述策略来描写"故事"并反思故事本身。这种文人自觉言述的话语活动使中国小说走出了帝王将相、朴刀杆棒、才子佳人、发迹变泰等媚俗的窠臼。也因此，他的《儒林外史》（以下简称《外史》）这部伟大的奇书才是有着浓厚的"三国气""水浒气"的国人读不懂、不想读的（鲁迅那句"伟大也要有人懂"的名言就是为《外史》抱不平的）。《外史》的取境和立意绝不跟着居于正统地位的意识形态或民间流行的市井心理走，而正是来"反思"这地久天长的活法的依据并追问其合理性的，而且除了《红楼梦》，没有哪部古代小说富有《外史》这样的——人性的尊严、明白的理性、深切的疑问。

一

  《外史》是一部找准了 18 世纪士人及国人情绪的大书，它用平实而自然的手法来写一串、一串的人物以及他们的相逢与离散，勾画出一个可以名之曰"精神遭遇"的大故事，支撑这个大故事的基本冲突是文化记忆与文化现状的矛盾，再简化一下便是"文化与现状"的矛盾，用得上今天走俏的话头：

---

 *　本文原载于《清华大学学报》（哲学社会科学版）1996 年第 3 期，收入本书时有改动。

全面展示了人文精神的遮蔽与失落，整部长篇的内在张力是称得上社会良心、人类理性的知识者处在汪洋大海一般的"流行文化"包围中那挣扎不出来的呐喊。

"流行文化"是个丑不忍睹的称谓：一是八股、二是假名士、三是全民皆兵般的趋炎附势的势利见识。在没有现代化的传播媒介还靠口耳相传构成声气的古代社会，这三类流行色以铺天盖地的普遍性构成令作者痛心疾首的文化现状。所谓文化记忆，主要是对原儒风范的记忆，对纯正礼乐文化传统的记忆，对所谓"处则不失为真儒，出则可以为王佐"的理想士子的追忆。之所以说是记忆、是追忆，就是因为作者环顾神州士林，到处讲究的是揣摩逢迎的考校、升迁调降的官场，试看今日之域中，竟是纱帽之天下！

八股文化大昌天下，盖因为纱帽召唤着那些八股士，他们舍生忘死地去挤那一条独木桥，竞相比赛"揣摩"功夫，以举业为生命的终极停泊地，成为被八股吸魂器吸干了气血的空心人（如著名的周进、范进），国家却以三场得手两榜出身者为真才，作者指出：这其实是场双向误解。士子误以八股举业为安身立命的基地，为飞黄腾达、实现自我的津梁，是一种"舒服的误解"，发过、中了的自然舒服透顶，就是不中、未发的或做馆（如王德、王仁）或操选政（如马二），都有献身不朽之盛业的"崇高感"，马二先生总以为自己在起草政府文件（第十三回），卫体善、随岑庵则宣布他们的评选标准才是真正的文章标准，单是中了还不行（第十八回）。马二太虔诚、误解了八股的属性，卫、随二人则是在自欺欺人。他们都不可能反思这种圣贤复出反而考不上的"代圣贤立言"的考试到底是个什么东西！国家以利导义，施行功令教育，确实推动着一代又一代的青年人来研经制艺，然而八股文本来只是一种便于打分的文体，它的好处在于操作简便，可以使"踩分点"趋于量化，然而一旦用它来一锤定音（列为头场的"四书"、八股文一旦成为落卷二三场的考试往往便白干了），便出现了许多怪现状，小而言之许多真才落榜，大而言之使儒学原典变成文字游戏，从而彻底扭曲了原教旨、遮蔽了儒学的真血脉，使广大读书人大面积地遗忘了文化传统。无论怎么说，这都是文化的"胜利的失败"！

假名士则是"空头文学家"一类人物，他们是这个古老帝国那语文传统的寄生者，那个语文传统供给他们"精神资源"。让他们编织"诗"是一切的幻觉景观，他们本是玩感觉的闲人，却当起了相当活跃的文化明星，互相封赠大名士的称号，满怀着天下谁人不识我的良好感觉，欣欣然以为名士比进士享名多矣（第十七回）。误解是他们的上帝，他们一旦走出误解便七宝楼台塌陷、一无所有。追求仿古的湖州名士看清了所谓的人头原来是猪头后归于沉寂（第十三回）。扬州那批斗方文豪的名士气焰被"盐捕分府"的一条链子一索而光（第十八回）。南京以杜慎卿为领袖的名士搞了一个选美大会便各奔前程，他们的诗性、浪漫性等等只是种"玩"性，一种有多大本钱做多大买卖的把戏而已。那个淹滞的社会既没有给这类文化闲人保留什么惬意的高位，也没有淘汰他们的机制，他们可以在官场和乡村之外的"社区"——有"文化生活"的城市中自我陶醉、尽情地靠着想象力来转败为胜。长篇正文的最后一回单写"呆名士妓馆献诗"，不仅相当漂亮地给名士结了账，还天才地预告出名士加妓女的模式成了下一时期的流行色，至少可以这样说：晚清那名士加妓女模式的小说不胜枚举，叠印出这种"文化生活方式"在中国经久不衰的命运。

古老帝国的组织结构如一块夹心饼干。名义上，士为四民之首，其实却只是官—民这两大片饼干所夹的那一小点"心"。不管士林堕落与否，都不是表率乡里的真正的乡绅，如果他们既无权又无钱的话。实际情形却是谁有权势、谁有钱财便是真正的乡绅。士人竞奔纱帽，围着权转已成传统，已不值得大惊小怪，问题在于八股举业这根指挥棒驱遣士子群体性地去钻那既已搭成的积木框架中，尤令作者愤怒的是士人居然围着商人转、当他们的"干篾片"，被金钱所左右"非方不心、非彭不口"，致使神州沦陷为一个"五河县"，作者便按捺不住，变小说为杂文，直接出面来唾骂了（第四十七回）。

这个现状事实上已宣布了这是一个文化溃败的时代，颓波已成颓心难挽，尽管每一代人文主义者都有"人心不古"自古而然的发现，同时又有"于今为烈"的浩叹，但是吴敬梓这次写出了令人绝望的"发现"：人人都活在误解中，人人都是失败者。人们在忙忙碌碌追逐价格的同时背弃了价值，各种莫名其妙的误解使其陷入物质与精神的双重障碍中、陷入人与社会的双重脱节中，好坏正误都失去差别，这个世界没准了，荒谬无益的伪妄，铺天盖地的实利、实用主义，使得阴暗隐晦的价值虚无主义突然全面开花，空前通行又畅销，像过了明路一样的理直气壮。

用斯宾格勒的话说：一个失去了文化的民族已不成其为一个民族，只是"一堆人口"。

二

对付扭曲最富杀伤力的办法就是反讽。反讽的定义多矣，但其基本属性在于它是把两刃剑，能一棍子打两拨人。面对文化与现状的双重问题，制度与人性两方面的毛病，反讽便成为贯穿长篇的一个基本态度、基本手法。

若用简单的二分法来处理，则沉沦在现状中的文化人是伪妄的愚人或奸人，而沉湎于文化记忆中的便是高人、高士了。吴敬梓以清醒的现实主义笔力写出了个中未必然。最典型的具有本体象征魅力的是杨执中一案。二娄作为今不如古、城不如乡、官不如民的专职谈家本应该受到寻找、重建文化记忆的作者的礼赞，他们的人生姿态与风格的"原型"还有着作者本人的一些影子呢，但作者对他们照"讽"不误，他俩与杨执中那场"误中缘"，甚至可以视为作者在隐喻、讽刺着包括自己在内的迷古的一代对文化传统的误解心态。二娄有一而再、再而三的证据确认杨执中为旷世高人，正是自己要追觅的那种文化状态的体现者，杨执中把自己耽于读书、以无用为高的脾性当成古典文化的真脉遗存，这是一种有益的误解、从而很可能是一种故意的误解，因为这样一来，杨执中便可以反败为胜、有理有据地活下去了。他还能将权勿用由一个时文士劝说为仿古士，足见"文化记忆"在荒村野店中犹有余热，然而他们那"管乐的经纶，程朱的学问"却对付不了五百钱惹出来的麻烦（第十二回），冲虚古拙的高人既在现实面前一筹莫展，更不能指示什么文化前途，应该说杨执中比扬州那帮假名士更像传统文人，他身上还残存着传统文人的风骨，哪怕这仅仅因为他身上还有乡土气的缘故。当然他只是个把犬儒当真儒、返璞未必归了真的待沽而不得售的废物，犹如他手中那把无用的铜炉。

显然，被杨执中"记"住的文化传统完不成"为末世之一救"的使命。这一脉传统固然讲究超越势利风习，并蔑视商业性活动，但一味崇虚羡、贱实务、以幻想为生，也太"形而上学猖獗"了。最终成为高不起来的高人自不待言，就是国家发给薪水、资金鼓励他们尽其所能去"高"又能有多高？又能高到哪里去？这个蹈虚的传统不但无法抵御争名逐利、趋炎附势的势利风习，反而恰恰为这种风习畅通无阻让开了跑道。当然，这只是我们的遐想，作者什么也没说，他只是从容蕴藉地用那种"具体写实、总体象征"的笔法来写"故事"，"不着一字，尽得风流"，二娄三顾杨氏草庐的故事理当成为世界级的反讽经典。反讽水平可以与杨执中一案等量齐观的还有马二一案、杜慎卿一案，马二这条亢龙难以跳出枯窘的境地，杜慎卿才情过人、追求喝彩，然而只是以风雅的庸俗代替平凡的庸俗，在那精彩的追求不俗的动作背后是最平庸的媚俗情志。他们身上的"文化"就是"现状"。

就是为反抗现状而矗立出来的"思想的雕像"——贤人和奇人，也同样肩负着反讽，而且还是连环套一般的反讽。首先，遍被华林的势利风习，在朝在野的八股士、假名士大军把他们推为"孤岛"，在这个对比中被讽刺的是那些名利的奴才、道德上的残疾人，而不是他们，作者也正是要让他们形击那些虚妄小人。然而不幸的是，那帮无耻、无聊的丑类活得蓬勃昂扬，而他们却活得很无奈，他们那份心明眼亮的内省精神也只够让他们无奈而已。这对他们是个不大不小的玩笑。其次，他们担荷着势与道的对立、现状与文化的矛盾，这本是人文主义者的宿命，即使失败了也虽败犹荣，至少当个悲剧的主角，然而，他们却并没有成为挑战的标志、进攻的嚆矢、失败的凯歌。大贤虞博士像孔夫子一样"穷讲究"，却没有了孔夫子内圣外王的内在张力，只剩下了一团暮气沉沉的"古老性"。"千秋快士"杜少卿有侠客一样的"不在乎"的豪气，却没有也不可能有实际作为，作者绝对没有讽刺他们的立意，然而却写出了他们被讽刺的命运。再次，如果说"势"开"道"的玩笑固然让人气闷还不至于让人绝望的话，那"道"本身让人泄气便是"最后一枪"了。我们不得不承认贤人奇人所共同持有的"基于礼的超越意识"，只是一种合情、合理、合法的逃逸而已。贤人对古代礼乐文化的复辟意欲本是一种"传统的误解"，太相信道德理想主义的教化功能了。他们并不是盲目乐观的热病患者，他们像几乎自知失败是不可避免一样，无论搞大祭，还是应征辟都是一副"无可无不可"的派头，当作者在颂美他们的"通脱"时实际上在描述着他们的逃逸冲动。虞博士是一派游世的逃逸，庄征君则是享有特权的无路可走就地成仙者，杜少卿以浪掷家产为代价从天长逃到南京，摆脱了食客却又入了词客的包围圈，最终从南京逃走，沈琼枝主动出击却成了一个坐实了的逃犯。最后所添的琴棋书画四客，本是作为理想精神薪尽火传神不灭的象征人物出现的，也是作家能想起来的最好的人生姿态，然而却是连事业也不追求的极度的解脱者，可名之曰消极防御的逃犯。这最后的"苍凉手势"深切地宣布了：文化已从社会舞台退位，变成仅由个体生命呵养的气功了。

三

　　文化失败的一个直接后果便是：语言的贬值。而一部《儒林外史》又是一部儒林内外的人在说话的"史"。像那些室内电视剧只是在叽叽地说话一样，《外史》中人也"什么鸟儿出什么声儿"般地在那里嚷嚷。而且正是那此起彼伏的"聚谈"支撑起这个"精神遭遇"的大故事的。可以在不尽准确的意义上借用一句现代大话：语言就是世界观。我们区分贤人、奇人、八股士、假名士的一个重要依据就是他们的言述品质，因为在那个谁也没有什么正经事可干的生活圈里，几乎唯有言述品质体现其文化品格了。

　　战国时期策士们的四处游说是一种"话语的权力"。两汉清议、明末礼堂中的党人议论别是一种"话语的权力"，就是魏晋名士的清谈，也是"微言一克"，偏偏《外史》中的士子们，除了贤人偶有正声、奇人发些高论，剩下的都是"废话一吨"，吹牛撒谎，胡枝扯叶，除了俗气入骨的恶谈就是无聊的闲谈，总之都是瞎扯淡。这醒目的退化大势至少昭示了士子从中心到边缘这样一个不可驳回的失败命运。

　　策士那一言兴邦一言亡国的政治威力是早已消失了，秦始皇统一中国后宰相以下都是只准给"一姓"来打工的打工仔，但清议始终是士子干城卫国的用武之地。但清廷文化专制手段之博大与恶辣是空前的，《外史》中士人之萎缩也是被"治"成的，就是品地最高的贤人、奇人也发不出什么石破天惊的"革命"大声音。最惦记着要"替朝廷做些正经事"的迟衡山提议："讲学问的只讲学问，不必问功名；讲功名的只讲功名，不必问学问。"算是最嘹亮的士人宣言了（第四十九回）。他们只能以明哲保身、儒者爱身的态度来躲着走、走所谓自己的路。庄征君劝告卢信侯别再收求《高青邱文集》素来被认为是披露文化恐怖气氛的着力之笔。呜呼，他们大约一生都生活在类似我们的"文革"岁月中。要维护所谓的读书人的良心充其量就是不做什么事情。他们是做梦也不敢像东林党人那样说话的。如果说贤人的这种退化情有可原，那名士的退化也有令人悲悯的因素。

遥想魏晋名士要么是高官、要么是皇亲国戚，再等而下之也是衙内、将军，他们尽管不得好死，却处在政权中心的漩涡中，都是《外史》中那些平民名士如景兰江、季苇萧们难以沾边的世界，唯二娄、二杜是贵族后裔，然而他们除了诗酒风流还能做什么？当然清代自有真且大的名士，像王渔洋、袁随园等，然而他们只能去讲诗词作法了。若将《随园诗话》《小仓山房文集》与晋人谈玄的文字稍加对读，便会感叹：士种退化何以至于此？晋人那一套核综名实、辨名析理、动静生死、有对无对、言意之辨，对清中叶的儒林文苑来说差不多是天方夜谭了。更莫说《外史》中那些地方性的小而假的名士了。原因首先在"制度"：政治、思想上大一统之外桎梏、理学之内在理路上的内桎梏，还有叫你怎么说你就得怎么说的八股法，等等。大文化滑坡个中人焉能翻出池外？他们无须讨论什么有无、为与不为了，现实已经回答了这个问题：只有一个无所作为。这就像秃子不用再理发一样。

沦为边缘人之后，士人后退一步天地宽，作斗方玩戏子随才器使，帮闲揩油吃荤饭，不一而足。然而他们的话语系统没有多元化起来，反而越发和光同尘，随俗从众，做村妇闲谈科了。那些吹牛撒谎的假名士不是与胡屠户、乌龟王义安们如出一辙吗？就是谈书本也"只不过讲个举业，若会做两句诗赋，就算雅极的了。放着经史上礼、乐、兵、农的事，全然不问"（第三十三回)。贤人区别于他们的地方正在于贤人有"追忆"经史典章,保持古典文化精神的情态,于是两类人生活在不同的视域中,贤人奇人有古典文化这个学养从而能够登高望远,表现出通脱超拔的哲人风姿,而假名士、八股士则因失去了这个背景从而过高地估价近在眼前的东西,成为在厕坑中翻上翻下终日忙碌却出不了粪坑的可怜虫。

八股士、假名士那些像长疯了的花草一样多的蠢言妄语综括起来说就是:把官方"给定"的话语或市民"给定"的话语变成自己的话语,从而把自己彻底给定化——封闭起来,成为振振有词的"哑巴"。他们那"废话一吨"湮没了贤人、奇人那"微言一克",貌似人文的东西遮蔽了真正的人文的声音,尤其是那帮假名士虽生在非信息社会,只能靠自我感觉来度日,但他们颇像与商品逻辑同流合污的后工业社会中的所谓的"知识分子"。据批评这类"知识分子"的中外学者描述,这类"知识分子"胸无定则,既没有学术思想资源,也谈不上坚守如一的信念,却总在追求最大化的"明星轰动效应",实际上只能成为社会噪音的制造者。这种文化群体不可能有什么深度感,因为他们失去了文化、历史,甚至生命之根。他们在"进步"中退化。

四

吴敬梓对这个世界周身充满自相矛盾的特性太敏感了,就像他必然选用了反讽一样,他必然选取了抑制高潮的叙述策略。而且这个叙述策略恰到好处地实现了反讽意图、贯彻了反讽精神。

吴敬梓一反已成了说部传统的传奇写法,他用平实的语言写最平实的故事。当作者对描写对象失去内在感觉和兴趣的时候,他便找个合适的借口转入下一个,这是《外史》中人邂逅相逢转而各奔前程、突兀来去而无什么性格成长史的原因,也是《外史》的舞台在流动、情节起讫只靠幽丝单气就把球传下去的原因,作者对经营什么开端、发展、高潮、结局之类人工景观不感兴趣,面对流逝的生命与生活,他便干脆来个"流水账"。情节结构无高潮、人物命运无高潮、叙述意向无高潮,叙述语调除了极少例外都是低调,这在古代长篇小说中是独一无二的奇迹。素被视为全书高潮的大祭泰伯祠其实并不是高潮，不比三起名士大会写得好自不待言，而且也不比它们高且大，而且大祭刚完，同回之中即迅速转入琐碎的日常生活。他似乎故意在瓦解任何可能成为高潮的东西。这也许是他摆脱流行文化、主流文化，从大面积文化异化占领区中逃逸出来的对策，当然也是他的思想倾向、艺术修养水到渠成的结果（这倒颇能与标举"小说等于反激情的诗"的昆德拉说到一块去）。作者认为人这个类的基本境遇便是"多歧路""无凭据""知何处"（序《词》第一回），所有的路都是让人趟的，也都是捉弄人的。一切都是个匆匆而过，一切都是个不了了之。

而且人物一茬一茬地换届，但事儿还是那些，所有的老问题因不了了之反而都存在，而且流行的成了主流的、主流的成了流行的。士种不但相对古代在退化，就是书中人物也以递进的趋势在退化，贤人一代不如一代，假名士一鳖不如一鳖。人如过河之鲫，那河床却是不动的。《外史》时间跨度很长：百年，非但不是一日长于百年，反而是百年恍如一日。横跨数省的地理幅面也没有拓宽生存空间：任何地方的人都背着权与钱这两块枷板。乡下人还是那样的乡下人，老例还是那样的老例。他们那万变不离其宗的把戏把他们变成了被游戏的东西，角色那乏味的命运能唤醒人们对现实和自身起一种"反讽"的惊愕吧？

如果说还有那么几个人幸免反讽的洗礼，便是那一组做人水平极高的老人了：泰老、卜老、牛老、于老者等，他们既不会作八股文，也不会谄以诗文，更不懂什么经史上的学问，但他们比高翰林、范学道、诗人景兰江都更"文化"、更理性、更有人性的尊严和人性的温馨。《外史》中流淌着一束可以称为"老辈人口气"的语调，还不说那贯穿全篇的"世纪老人"俯瞰顽童的口气，且只说那几篇当视为全书眼目的"临终遗嘱"：王冕母叮嘱儿子不要当官，当官没有好下场，匡太公告诫匡超人将来日子顺利了切莫增添势利见识，娄焕文劝告杜少卿凡事都要学其父亲……

当然作者绝无凡老皆好、建构老人乌托邦的用意，严贡生、钱麻子、成老爹都是丑陋至极的"老妖精"，胡屠户教范进、牛玉圃教牛浦郎都是教唆犯那种教而且臭不可闻。周进、范进这种"老乡愿"因贴全"停滞帝国"的根性而宦海无恙,但他们那黏滞的作风只能使本已逼仄的河床淤泥更深。作者对这号老人有着本能的厌恶、不可调和的憎恨。

但是,就像作者偏向文化记忆而蔑视文化现状一样,作者在面对前赴后继的向往城市、追求实现自我欲望的潮流思想时,他偏爱乡村化的道德哲学。他也许并不明白只有文明进步,才会建构起合理的道德,他也许对"道德老人"过于敬重,以至于想用这种情愫来抗衡文化现状了。令人同情的是,文木老人只有理性自赎、道德自救这一张底牌了。

敢于绝望、为个性和创造性而斗争的吴敬梓*

> 讲学问的只讲学问，不必问功名；
> 讲功名的只讲功名，不必问学问。
> ——《儒林外史》第 49 回

　　吴敬梓成为《儒林外史》的作者其要害在：敢于绝望、为个性和创造性而斗争。《儒林外史》的要害在：吁请将追求功名与追求学问分开——这才是知识分子的真正出路。吴敬梓那"闲适自恣"的气质得力于学术与艺术的双重支撑，也就是理性与感性相得益彰才成其大。他的一生及《外史》的主题浓缩成一句话就是：反奴性、反对任何奴役之路——尤其反对虚无主义的实用主义之思想奴役，因为它能生产、扩大再生产持续增长的无耻。

　　敢于绝望是个"光辉的起点"，没有这个起点就不会看透"功名富贵"是奴役人性的天罗地网，就不会看透那条"荣身之路"正是奴役之路、一个伟大的文化传统正因"秀才"变成了"奴才"而在全面坍塌，就不会看透那些"斗方名士""七律诗翁"正在打劫文化还冒充文化英雄⋯⋯

　　再天才也不是"天赐绝望"者，也得一路滚打下来，因为世界是不确定的，真理不是现成的，体验是不能代偿满足的。能确定的世界只能是乌托邦，现成的真理只能是教条，代偿的体验只是假设。吴敬梓先从富贵世界"翻了跟头"成了赤贫，又从功名世界退出身来成了"自由民"，在将近"不惑"的

---

* 本文原载于《文史知识》2001 年第 11 期，收入本书时有改动。

年头，对所有充满诱惑的奴役人的东西绝了望，才有了"闲居日对钟山坐，赢得《儒林外史》详"。跟头比他栽得狠得多了去了，而天壤之间只有一部《外史》，根子在他"敢于"绝望——哲学（文化神学）意义上的绝望：觉悟的绝望、绝望的觉悟，不是周进撞号板式的迷妄。

敢于绝望的勇气是精神贵族路线上的，大而言之如佛教——《儒林外史》最后一行文字是："从今后，伴药炉经卷，自礼空王。"全部《外史》都有着一副"以无住为住处""无所住而生其心"的空感和禅意；小到具体人头上，与吴敬梓可以相互发明的古有庄周、今有鲁迅，这三个在敢于绝望因而特别能"看透"上是国人中无与伦比的。庄周以绝望为美，鲁迅"反抗绝望"，吴敬梓在他俩之间，既不以之为美，也不以之为苦，无可无不可。因为吴敬梓比他俩"空"。在为个性和创造性而斗争这一点上他们分别是我中华上古、近古、现代的顶尖大师。若要加中古的代表就是吴敬梓和鲁迅都心仪的阮籍、嵇康。

敢于绝望的勇气在西方一直是最高贵的精神特征，从柏拉图到尼采、卡夫卡、萨特这一激进一系的，基督教及近世的文化神学一系的更不用说了，只要不是以追求幸福为目的的庸俗的体系，都从"绝望"来发掘人之为人的灵魂力量。为了节省篇幅，节抄美国蒂利希的《存在的勇气》中译者序概括原著很精当的一段话：敢于把无意义这一最具毁灭性的焦虑纳入自身的最高的勇气，可称为"敢于绝望的勇气"。勇气所表现的是人被"存在—本身"的力量攫住时的存在状态。存在状态也即是生命状态，所以绝望仍是一种生命行为，是否定中的肯定，是以否定的形式来肯定存在本身。敢于绝望，是大勇的表现；盲目乐观，则是生命力孱弱的征兆。绝望的勇气是每一种勇气中的勇气，是超越每一种勇气的勇气，是存在的勇气所能达到的边界。因为绝望的勇气接通了"神性"，所以蒂利希把它作为统一作为部分而存在的勇气与作为自我而存在勇气的完美的勇气。蒂利希在第五章的一段话可以直接移赠给吴敬梓："他还有足够的人的气概，能够把对人性的践踏体验为绝望。他不知出路何在，但他试图通过说明局势的无出路来挽救他的人性。他对此的反应中表现出绝望的勇气，是一种自己承担绝望的勇气，也是用作为自我而存在的勇气去抗拒非存在所包含的巨大威胁的勇气。"①——这不是关于吴敬梓乃至《外史》主题的最好概括吗？

吴敬梓是用一己之勇来对抗铺天盖地的中国式的虚无主义和实用主义。所谓中国式的，就是这两种东西是交互为用的：因虚无而实用、因实用而虚无，从而将神州赤县变成了"五河县"。他起初几乎用的是"肉体轰炸"法，世人都是"钱癖宝精"，他便偏大捧大捧地白送人。还不仅是"遇贫即施"的问题，而是跟钱有仇似的，"急施予"（金和语），在赤贫之后，依然不以钱财为意，已经不食二日矣，得到了周济，"则饮酒歌呶，未尝为来日计"（程晋芳《文木先生传》）。程晋芳说："余平生交友，莫贫于敏轩。抵淮访余，检其橐，笔砚都无，余曰：'此吾辈所倚以生，可暂离耶？'敏轩笑曰：'吾胸中自具笔墨，不烦是也。'"不为来日计是敢于绝望的典型症候。

敢于绝望之"敢于"是孔夫子"知耻近乎勇"的那个"勇"了，也就是说，知耻是存在勇气的起点。同样，《外史》中百般丑态的起点是无耻、无耻到了不知耻之为耻，从而才活得那么愚昧可怜，他们因丧失了存在的勇气而丧失了生命的尊严。敢于绝望才有了海德格尔说的那个"决断"：一种打开的动作，打开一切遮蔽人性良知的东西，从而获得敞亮，大写的人得以行动。清人一首著名的《猛虎行》嘲笑猛虎不敢破樊出笼而甘心被人当猴儿耍是"不智""不武"。功名富贵是"天网"，敢于破樊而出者几稀。人生天地间，谁能跑到哪里去？关键的关键是态度，与钱有仇的吴敬梓也在天天用钱，只是他那态度使他破樊出笼去写《外史》，而没有成为《外史》中的猴儿。若无两次大的心灵震惊，他的态度也难以臻达《外史》作者的境界。

若没有那场族人争夺财产的"家难"，他即使在科名上没有成功，也会是个幸福的、才华横溢的、有"六代情"的辞赋家，他也许能写出第二部《世说新语》，他的个性是家难这样发生而不那样发生的一个原因，他的个性更是他采用"移家"出走的方式而不是别的方式来应对的原因。文化就是面对生存压力的反应。他在豪华世家中是"另类"，那个家族的物质条件满足了他

---

① 蒂利希.存在的勇气[M].成穷，王作虹，译.贵阳：贵州人民出版社，1998：109.

"笙簧六艺，渔猎百家"的精神漫游之自由，给了他庄周式的逍遥的学养和心气，也给了他"性耽挥霍"的公子习性，然后却又将他推到秦淮河畔沦为无业游民、卖文为生，这个落差，加上敬梓的平民意识、对底层人道德的敬重，于是有了《外史》对牛老、卜老等底层老人道德的高度赞美和期许，以及奇人出于市井的礼赞。鲁迅从小康堕入贫困，看清了世人的真面孔；吴敬梓由豪华堕入贫困，则是看清了"功名富贵无凭据"，尤其看清了"富贵"的外在于人的真面孔。李贽的大悟，由于他的一场大病，病后悟透50年来活得像一条狗，一直在追逐外物。吴敬梓的大悟还需要加把火，也算天助自助者吧，偶然也必然地让他经历了那场光荣而无奈的博学鸿辞特荐的触及灵魂的大"教育"。

对于他这种名士派文人来说，这种特科是加入主流的最后机遇。他虽然抱有六代情怀，但并不是烟霞之士，他像阮籍、嵇康一样要的是真名教。如果这特聘能够成功，无论从高处说还是从低处说他都会一试到底，哪怕是将来作个词臣，吴敬梓所自负的礼乐兵农、贤人政治的治国方略原本是周公以降的"宪法"，是历朝都要说着的，说这些也是词臣的活计。他无由到朝堂去说，在稗说中也要宣示一通。换过来说，他在稗说中尚且自说自话，到了朝堂更是左不过如此。所以他出去也做不成什么事情，不过是做个词臣，就不必出去了（参见顾云《吴敬梓传》），是"自我安慰"性的文饰。让庄征君得到"御赐玄武湖，以鼓吹休明"的待遇，纯是他的"过瘾"之笔，是他的"我有这个梦想"！问题的真正症结在于，他确实想去，却又意识到真去参加廷试也肯定考不上，他的应试能力低于吴青然、程廷祚，而且举子三千中第的能有几人！事实上当时已经名满天下的大名士都"铩羽而归"。窃以为"闲逸自恣""高自期许"的敬梓是直觉到即使去了也考不上，才小病"变成"大病的。他之"因病不能就道"主要是心病，不是"装病说"表述的不想去，而是想去却"不宜"去。因为他想去，以被特荐为荣，才会在《文木山房集》中收入试帖作品并一一注明，并在《金陵景物图诗》首页题自己"身份"时，首列"乾隆丙辰荐举博学鸿辞"，若他根本就看不上这一套，就不会有一个秀才以被特荐为光荣的心理了。是吴青然他们虽然被作弄而归还依然夸示朝廷美景的态度刺激了他,他也悟出朝廷只是在作局作弄,并无选才诚意,他才对这场把戏以及参加把戏的双方都彻底绝了望:"自缘薄命辞征币,那敢逢人怨蹇修?""归来细说深宫事,村女如何敢正看!"(《贫女行》)还有《美女篇》中的"歌舞君不顾,低头独长吁。""奇缘千载无"——从而确证了不去的英明,遂于觉悟后在小说中"建构"了最佳姿态:主动却聘。这与其说在美化自己,不如说是"升华"了自己,但更重要的是他想向社会推广这种以却聘为美的心理,而且用庄征君进京后的遭遇,来辅证却聘是种"大明白"。

这场教育来得正是时候,早了,他也不会获此大明白;晚了,他也许已滑到别的道儿上去了。这正是"天意君须会,人间要好诗"的巧安排。他从此从"功名"世界中也解脱出来了,《文木山房集》的最后一篇的39岁《生日·内家娇》词如此慨叹:"壮不如人,难求富贵;老之将至,羞梦公卿。"结尾时下了决心也是总结:"休说功名!"特荐案发生在他36岁那一年,《外史》正式开写约在决心"休说功名"时。

"休说功名"就是自觉地"不入局"了。这种不入局有似于"为人进出的门紧锁着,为狗爬出的洞敞开着"那种严峻的归属选择、如何活怎样活的生存选择。因为"入局"是以整个人生为抵押的。但对于有品位的知识分子来说,放弃富贵容易,放弃功名难。"君子疾没世而名不称"的高级功名心,是孔子以降的任何志士仁人都解不开的一个理念大结。经世治用是真儒的天职,行道是传教般的义务。"出,为道行;处,为道尊。"《外史》呕心呼吁的"文行出处"是接着这条天道的。但是唯敬梓看透了"功名"已将天下读书人变成了"乞食者",不摆脱功名的作弄,读书人永远难以站起来。所以,他才在《外史》中响亮地提出:"讲学问的只讲学问,不必问功名;讲功名的只讲功名,不必问学问。"并在结尾提出"自食其力"的道路问题。套用毛主席语录式,似乎可以这样说:这是18世纪中国知识分子寻求独立的宣言书、摆脱奴役的启示录!——当然也就是书、录,纸上苍生而已。

辩证法是残酷而公正的。敬梓写作《外史》正是行道传教的高级功名心的发用,也因此而获得了旷世"功名"。推荐他参加博学鸿辞科考试的江宁府学教授唐时琳在为《文木山房集》作序时安慰他说："古人不得志于今，必有所传于后。……窃恐庙堂珥笔之君子，有不及子著名者矣。"唐这种安慰话的依据是吴敬梓"学优才赡"，研究六经之文会有传世价值，会胜过八股文章仅有"一日之知"——他是沿用传统的价值预期来推定吴敬梓的文化建树。当时，吴敬梓的知音们也许包括吴敬梓本人都没想到他竟会因一部雅士不屑为之的小说而永垂不朽。程晋芳的浩叹是有代表性的："吾为斯人悲，竟以稗说传！"

吴敬梓33岁移家南京时作《移家赋》时曾这样"自我肯定"："千户之侯，百工之技，天不予梓也，而独文梓焉。"他此时所自负的"文"，还是主流的文，他还没有断灭了加入主流的幻想。他此时的生存勇气还是"作为部分而存在的勇气"，而成了秦淮寓公落差发的电与"休说功名"的翻身旋转得到的"场"，使他有了直接行道尊道的作为自我而存在的勇气，这就是遵循自己的个性和创造性执笔写作《外史》和《诗说》，也是他学术、艺术两种天赋的平衡释放。他说写作《诗说》是他的"人生立命处"，也没想到偏偏"竟以稗说传"。

他若不选择小说这种新的大众化的文体，他只会成为隐士学者队伍中的新兵，而且以他"性不耐久"的作风，不会成为一流大师的，他对于官定的和民间的学术规范有着天才的叛逆精神，他现存的说《诗》的意见有思想价值，没有官方学术规范认可的学术价值自不待言，就连民间的学术眼光也以为那是"山鬼忽调笑，野狐来说禅"（程晋芳《怀人诗》）。他那"独文梓焉"的直觉是领会了天意的，只是这文是"小说"。这是他敢于绝望的勇气的一个成果，也只有敢于绝望才能吻合那虽不神秘也难巧遇的"道"；这也是他艺术气质的一个胜利。

他的艺术气质使他成为一个败家子，也使他成为一个名士。他当得起那句俗话"真名士自风流"，他本人和书中的杜少卿才是真正的名士，只因那些假名士将这个名头弄得太脏了，我们才不得不改称为奇人（真假名士的差别像爱情与色情一样难以量化评定）。在正统派眼里这些艺术品质都是些没出息的行径，就像小说中高翰林骂少卿那样。其实，那些正统派反而是假正统，敬梓和少卿反而是真正统，在整个明清时代，异端影响正统已成规律。这当然是另外的话题。敬梓在文学这一脉上的艺术气质，最为根本最为重要，然而已不必赘言矣。在他的兄弟朋友的诗笔勾勒下，他是个"琴棋书画"样样爱好精通的游戏大王。金榘说"敏轩善弈"（原诗有具体描写），金两铭说他"生小心情爱吟弄，红牙学歌类薛谭"。程晋芳说他"好为稗说"。他的许多自述诗句排比出来，恰似关汉卿那套《不伏老》名曲，吴敬梓同样是颗"蒸不熟煮不烂的响当当的铜豌豆"。这种性情、品行在"专储制举才"的社会中则是走向了一条"悖时"的路线，不会"时中"，而恰是要"时不中"的，关汉卿因此走向戏剧，吴敬梓因此走向小说。关是平民，又在文人是"八娼九儒十丐"之老九的份儿上，所以汉卿"偶倡优而不辞"，也算不上特别革命。吴敬梓是诗礼簪缨的豪门子弟，又恰逢那被正史夸赞为千古难求的康乾盛世，却如此"自趋下流"，真是没有敢于绝望的勇气难以办到的。曹雪芹成了破落户是由于"抄家"，吴敬梓成了破落户却是由于"移家"，一个被动，一个主动，用从古至今的市民哲学看敬梓更为"犯傻"，这"犯傻"是一种合并着自然主义、浪漫主义、放纵主义的勇气，是自己拿自己冒险的"平居豪举"。这豪举的正果就是他因此写出了可以与《红楼》媲美的《外史》。因为他对上流社会彻底绝望，才选择了小说这种平民的文体，以期向所有男男女女直接说话。

　　吴敬梓是个"传统心肠的先锋派"，他在《外史》中发现了那么多否定性的生活方式和态度，他发掘的肯定性的生活方式和态度却只有老辈人的道德态度和琴棋书画的艺术化的生活方式——这也是他的个性气质的大致内容了，而他的学术品质则给了理性的平静的叙述语调，再加上他那现代派的孤独（他整日呼朋引类的歌吟纵酒正是在努力摆脱这致命的孤独）使他的小说完全是在讲述别人的故事，尽管小说几乎都是在他本人和身边人的真实事情，以至于探查"原型"的工作成了富有魅力的事情。他"才大眼高而心细"（吴湘皋语）、"小事聊糊涂，大度乃滑稽"（金兆燕语），而且疾恶不仇人，才有了那"戚而能谐，婉而多讽"（鲁迅语）的永恒的魅力。而琴棋书画是他"能想起来"——也就是从传统那里所能"认领"到的最好的生存姿态了。用张

爱玲的话说,这也是"最后一个苍凉的手势"。

以琴棋书画为精神寄托的四奇人的含义,说白了是以艺术化的活法为"得道"、为不白活——这是作者看透一切功利追求均无谓之后的最后的一项坚持,也是吴敬梓本人的真实选择。这中间包含着无限的高超和无奈,让今日文人尤为心酸的是:这几乎是坚守知识分子"德行"的最后底线了,也是文人不想与世浮沉、做一点有安身立命价值的事情所必须坚守的"活法"。否则随念流浪、架空度日、追逐外物,自缠自陷,虽生犹死。这里揭示的根本问题又回到了是"向内转",还是"向外转"这个思想道路问题。孤立地看,向内转没出息,向外转容易出问题。其实关键是"转了"以后干什么。内转、外转都有变成行尸走肉的可能性。做人与作文一样是得失寸心知的事情。唤醒这感知得失的良知是文学乃至所有人文学科的"天职"。吴敬梓也正因空前深入地揭示了其中的复杂和微妙,而成为伟大的作家。

在我知道的伟人、名人当中,最和吴敬梓好有一比的要数斯宾诺莎了:斯氏宁静地以磨镜片为生,以更好地思考哲学问题,并且为了独立思考哲学反而不去当什么哲学教授,最终完成了他那几何学格式的《伦理学》。这种自食其力才是吴敬梓要标举的知识分子要自食其力的含义。个性的生命力在创造性,保护个性是要保护创造性,没有创造性的个性是犬儒的假名士的个性。斯氏的哲学成就凸显了"磨镜片"的意义,同样《儒林外史》的诞生凸显了吴敬梓"辞却爵禄之縻""灌园葆真素"的意义。当然还有马克思不当资本家的赚钱机器、萨特拒绝一切来自官方的荣誉,这些现代哲人自然比吴敬梓和斯宾诺萨复杂,但原则是一样的,用孔子的话说,这叫作"君子不器"。

也许是因为生存方式一致而有了深层的理念上的一致,两人都以伦理存在为本体。吴敬梓用小说形象表达了抵抗"非存在"(如功名富贵)威胁而坚持人之自我保存自我肯定的努力是高于一切的根本问题。斯氏把他的本体论著作叫作《伦理学》即意在为人的伦理存在提供本体论的基础,包括人的存在的勇气也与存在本身是一体化的,他认为:存在的勇气并不是诸品德中的一种,而是参与自我存在亦即自我肯定的每一本质性行为的表现。自我肯定的信条也是斯氏的核心思想,《伦理学》Ⅲ命题 7 是最为原则的说法:"一切竭力保持自身存在的努力不是别的，而是该物的实际本质。"他把这种努力叫作事物的力量。同前命题 59 说勇气和自我肯定是指灵魂所具有的力量，是灵魂成为它本质上所是的那种力量，这力量成了"欲望"，他说"我所谓的勇气指的是欲望，每个人靠这种欲望，只听凭理性的命令而保持其自身的存在。"这种勇气将"创造的少数"推出地平线，然而这种古典人文精神在近现代陷入了空前的孤独境地，比他们本人的境遇更"悖时"。

"琴棋书画"与"功名富贵"是讲求内在生活与追求外在辉煌的两条不同的道路。"现代社会"是要求任何人都得向外转的，但人们都向外转后，立即出现了人生的价值和意义究竟何在的问题。这也是我们今天重读《儒林外史》格外亲切的原因。如今几乎所有的文学艺术行当，尤其以影视业为最都在变本加厉地"重复"着假名士的生存方式和"工作模式"。影视业变成娱乐业的本质是其生产者由精神贵族变成了假名士。西方学者早就在批判那些与商品逻辑同流合污的后现代"知识分子"：总是在追求最大化的明星轰动效应，内心并无一定之见，既没有思想资源，也谈不上坚守如一的信仰，他们实际上是社会噪声的制造者。吴敬梓式的见识高贵而意态沉着的精神贵族气质，像没有污染的空气一样日见稀薄了。爱因斯坦说的——我们之所以需要古典文学，就是为了知道除了现行的活法之外，还有别的活法，从而对治流行的俗气——其实就是在呼吁这种精神贵族气质。这种精神气质的要害在于"知耻"、敢于放弃，尤其要放弃加入"主流"（主流往往就是末流），放弃"功名富贵"。要想成为有良知的创造者，就得学习吴敬梓那敢于绝望的存在勇气！

《儒林外史》的禅味与吴敬梓的禅心*

不管是吴敬梓有意经营还是无意暗合，反正《儒林外史》（以下简称《外史》）浸润、流淌禅味，其总特征可用"无住生心"来概括，细目则有：摩尼珠式互摄映现结构；镜子似胡汉毕现；机锋转语式的拐弯情趣，这些合成《外史》的空灵美。敬梓的禅心首在放下了贪、嗔、痴。

《儒林外史》是吴敬梓的"日记"

"吾为斯人悲，竟以稗说传！"稗说是笔记。笔记是史传、诗歌之外中国最古老而强势的文体。笔记的特点是一则一则的，完全没有结构的负担。每天都写的笔记叫日记。后来日记演变成好像是写给自己看的，如果存了心让别人看就显得"伪"，如鲁迅嘲笑《越缦堂日记》想给皇上看。笔记则可以记考证心得如《日知录》《十驾斋养新录》，可以记社会新闻、民间笑话，这一类可以"编"，如《笑林广记》。成就最高的当数《东坡志林》。《外史》属于《浮生六记》《板桥杂记》一类的，固然不宜机械地与普鲁斯特写《追忆似水年华》相提并论，事实上倒都是在用处理自己的"非意愿记忆"，用日记来回忆和反思那些"没有要点的故事"。吴敬梓没有留下创作谈，不知道他为什么非要像春蚕吐丝一样非写不可（当然依据创作心理学可以推测出多种可能）——我们姑且简单地说就像普通人非记日记不可罢，抱着你即使明天打

---

* 本文原载于周月亮教授微信公众号，2023年9月9日，收入本书时有改动。

死我我今天也要记日记的态度接着天天写。日记和摄影的内在驱动一样都是一种"木乃伊情结":把自己保存下来。再高一点,是为了从日子中站出来,获得"存在感"。

说《外史》是"日记",是为了把吴敬梓与"说书人"区别开来,是本雅明意义上的"纯小说"。本雅明在《小说的危机》一文中说:"'纯小说'实际上就是纯粹的内在性";"小说中的人物对正在发生的事情的态度,作者对作品中的人物以及自己的创作手法的态度——所有这些都必须成为小说自身的一部分。"靠故事情节和作者的反思对读者造成冲击。说书人乃至史诗作者在岸上,面对海洋作出不同的回应,小说作者则是海上航行,"看不见陆地,除了海面和天空,别无其他"。小说家"是真正的隐居者,一个默默无语的人""小说往往诞生于与世隔绝的人之手,这个与世隔绝的人再也不能用日常的语言表达他所关注的事情,他自己没有参谋,也不能给别人提供忠告。创作一部小说,就是把展现人类存在的不可通约性发挥到极致"。"没有任何东西比阅读小说更容易使我们的内心沉静下来。"我觉得本雅明的话句句可以赠予敬梓和《外史》。

禅对于《外史》的写作起了"提壶揭盖"的作用

请名医对一久治不愈的病人会诊,名医说你们的方子都对路,再加一味杏仁吧。他的徒弟以为老师乡愿,而病人却果然痊愈,徒弟请益,名医说这叫提壶揭盖。吴敬梓万事俱备,凛然一觉,遂以写"日记"来给自己无处排遣的苦闷来个提壶揭盖以自慰,而禅又是敬梓心思现量之"杏仁"矣:他的儒道思想是其处方的君臣,加了杏仁,有了佐使,才成就了《外史》的空灵美。这当然还是"阐释循环",证据还只有《外史》本身。这,只看说得中不中,无待乎作者或旁人的证言,譬如王阳明从来不敢说自己学取了禅宗,但是一点也不改变他确实学取了禅宗的事实。反之亦然,有人标榜自己学佛悟禅却未必心里身上有佛禅。

问题可能是:吴敬梓是有意运用佛禅还是暗合了佛禅?赖声川是学佛的,

他的《暗恋桃花源》是有禅的意境：什么都忘了就幸福了——这是有意地追求出来的境界。吴敬梓应该在有意与暗合之间，禅不是《外史》的主打，只是起了"提壶揭盖"的作用：让人们视火成烟、看水成冰，譬如都说《外史》是士人漂泊的悲歌，这个漂泊感的"结构"底色是作品的流逝感，生活如湍流（道就是旋转本身），一团团的人物来了走了，任谁都是过客，大祭泰伯祠本想留住吴泰伯的礼让精神，人云散了，物成了凄凉的建筑物。整个一部《外史》像片片织锦连缀成河，一直往前流着，无住无得，过去心不可得，现在心不可得，未来心不可得。作者努力让读者看到了结尾又回到开头：四奇人是王冕的回声和复制——这个开头和结尾是作者最后"包上去"的"盖"罢。敬梓确确实实觉得人生是座桥，上面不能盖楼房，就盖上一块地毯吧。

禅并不是一种实质性的观点，它并不预设某种观点在事实上是对或错，尽量将形式同实质观点分离（不思善不思恶），它追求的目标并不是实质正确，它所追求的是提供一个让任何人都纳入其思维框架的轨道。

文学研究必须重新获得它的重量、重新获得思想性，必须在智慧的高度上思考新老话题——古德有言：你研究古人的脚板印干什么？好吧，那么，我们研究古人是怎么走出这样的脚板印来的。

围绕着吴敬梓对禅的一点素描

第一，禅是不可定义的，才说一物即不中。最简单地说是虚无中的存在。存在是从"什么"中站立起来，譬如中国人站起来了，就是中国人在西方列强的压迫中站起来了。禅则是在心如虚空一样广大无限中，从眼耳鼻舌身意、色声香味触法，从八万四千尘劳、八万四千法门找自性（佛性、法身），一旦明心见性了就自己成了自己的主人翁。禅悟的简单原理就是：面对五浊恶世、概念法尘，往回找，找到自己本来面目，开悟后"虚空粉碎，大地平沉"——这是"闲居日对钟山坐，赢得《儒林外史》详"的敬梓的"意境"。当富二代时的他梦不到这个境界，还在"四书""五经"下盘旋时的他也不算觉醒的人。证不得虚空就看不到实相。看不到实相就没有如实描写转成新鲜的美学境界。吴敬梓因能够"自礼空王"而从自己的时代"站了出来",并通过自己的创作战胜了自己的时代。因此,我们可以说:虚无最积极,虚无最真实。意义在虚无!(中国文化中的虚无主义是实用主义,虚无不能主义,似乎什么东西一"主义"了,就须热播,于是就会在热播中异化了)。

第二,这一点是怎么做到的?只有"明心见性"!觉悟的方法是明心见性,觉悟的过程是明心见性,觉悟的结果依然是明心见性。吴敬梓是个精神天才、智慧英雄,他的性格中有一种惊人的单纯。这种单纯最易自见本性,直了直悟。他可能既不诵经也不坐禅,就是因为敢于绝望,置自己于虚空之境,(参见拙文《敢于绝望、为个性和创造性而斗争的吴敬梓》),从而能够"无所住而生其心"(《金刚经》),反而最能看明白世人因贪嗔痴而误解、失败、再误解、再失败之迷妄颠倒。我们现在只能从果地上这样说,至于因地上他怎么走过来的,只能从他的编年诗文中寻找佐证。或者,再退一步说他即使没有借助禅,至少他与禅是相通的。他找到了自性,就有了真正的创造性,就"站了出来",就能站了起来!精神的自由带来生命的阔达。

本文的目的是"召唤"今人:通过学习吴敬梓而明心见性,让更多的人通过研究吴敬梓和《外史》而去明自己的心见自己的性。毕竟,一切的学习和研究都是为了获得智慧。吴敬梓是"觉悟"了,他"自觉"后通过创作《外史》来"觉他"——这个他包括代代与他心相印、机相契的人。这样《外史》就"横过了时间和历史"。吴敬梓依着《外史》而超越了分段生死,他有了"事来无所受,即是真菩提"之菩提。

第三,吴敬梓是"直心是道场"的活例子。此处简单地说两点,一是他的单纯,"全无算计",使他能够净心念,不分别、不执着,没有委屈相,念头不拐弯,直心如矢,没有过谄曲之心。他最自豪的是"一事差堪喜,侯门未曳裾"(《春兴》),谄曲破坏了清净自然的直心,内失质直,外示虚假,是不可能写出传世之作的。儒家讲"不诚无物",佛家讲真诚为体,慈悲妙用。吴敬梓跟他父亲一样"把教养的辞藻当了真",他把所有的现实利益都丢掉了,这就是要说的第二点:他那"呆串皮"的活法,把家产挥霍、豪迈地施舍了,他之平居豪举可以从这个角度给我们一个启示:舍得舍得,舍了浮财才得了实惠。"舍是道场"(《维摩诘所说经》)。吴敬梓的禅心的核心就是放下了贪嗔痴:看透了功名富贵味同嚼蜡,把自己的生存本身变成了道场,"真性自用"(《坛经》),每个人都可以这样修行,就看你肯不肯。

第四,史密斯在《人的宗教》中说:"禅宗的天才在他既不离弃其所发现的那处于不太理想状态中的世界,也不取高姿态或无动于衷的态度自世界隐退。禅的目标是要求以永恒注入现世——要扩大感知的门,让美妙的悟的经验得以注满这日常的世界。"这在佛法中叫"不二法门",真妄一念转,烦恼即菩提。在禅宗叫作"那边会了却来这边行履",觉悟了反而回到日常生活中开步走,在一草一木中展现生命的真趣,最高的味道在"不离世间觉"。开篇的王冕和最后的四奇人是这种境界的"典型",也是中国艺术禅的经典篇章。当然也是吴敬梓开悟后实证的心得。吴敬梓是否觉得他原先安身立命的儒家文化"老了",转而从佛禅寻找精神支点、"开步走"的路径呢?李卓吾、蕅益大师都是这样转过来的。四奇人是种文化姿态,这个造型犹如张爱玲那最后的苍凉的手势。《法句经》开宗明义:我们就是我们思想的产物。宋朝宰相张商英说:"吾唯学佛,然后知儒。"

当然,吴敬梓和《外史》的主体内容不是佛禅,特举这个侧面是为了说明传统文化是整体性的有内在要求的文化(嫁接式、换零件式的改造都不可能成功),是价值性文明(不同于西方的工具性文明),而且是活性的生态化的,譬如,敬梓"灌园保真素",这真素是隐士、居士、陋巷儒融合交通的。佛法从汉代传入来在六朝的时候已经润入中国士人心灵,李汉秋老师早在三十年前就令人信服地说明了吴敬梓身上的"六代情",我于此加一句:六代情里面已经有佛法的"气血"了。唐代禅风大盛,宋明理学、心学都融化了禅的原理和思维技巧。禅作为中国的佛法是传统文化整体性的活性元素。在绘画、书法、戏剧中都能看到禅风禅韵。往浅近处说,平伯老的《红楼》"色空观"今天还有味道,李希凡们的阶级斗争论一去不返了。

禅是种对人生、人性一箭射透、十字打开的思维方式和表达方式("句法"),能够给人看透本质的慧眼。今天还活着的王阳明、张岱、龚自珍、鲁迅都对佛禅下过正经功夫,也都得力于这慧眼。慧眼是种功能:功能大了能改变现实，功能小了可以改变对现实看法。

《外史》是不是吴敬梓"自礼空王"的"日记"？

禅，就是但用此心，直了觉悟。"如来"，就是妙心。

《外史》的三大艺术成就都是学习艺术禅的好公案

第一，明心见性后的最基本的状态就是"心如明镜台"：胡来胡现，汉来汉现，物来则应，物过不留。这叫作"现量"：因概念法尘而设想什么都消失了，而由直接的知觉（直觉）来洞见真实的状态。而概念化的创作、主题先行的主旋律制作，都是"比量"、都会假人言假事。鲁迅用白描形容这种现量写作法，推进了艺术经验的积累升华。过去对现实主义成就的最高形容就是"镜子"，列宁说托尔斯泰是俄国的镜子，王富仁说鲁迅是中国的镜子。我们的文学评论也说《外史》是镜子。镜子是怎么工作的？我们该怎样把镜子"发扬光大"？为什么发现大于发明？

第二，看透了的慈悲，是《外史》讽刺的底蕴。正是这份慈悲保住了讽刺艺术的生命底线。之后的四大谴责小说一是受西化的影响，失去了慈悲，二是报章体追求吸引眼球，从而失去了纵向上长期吸引眼球的魅力。但是《官场现形记》适合拍成电视剧，《儒林外史》则不适合。高雅的要品（冷传），大众的要炒（热播）。有的小说家（如聂华苓）就故意避免被影视剧改编。

第三，空、灵、美。空、灵、美三者是相依关系：空才灵，灵了才美。世事如皮影，人物如走马灯，《外史》有种不住不着的美。《外史》展览世相，写透了那些贪嗔痴的人们颠倒、梦想、恐怖，机关算尽，了无可得。他揣着实相写幻相，人物命运之所以不了了之，也是因为"终无所得"。《外史》是一段生活流，也是一部生活禅。流动的漩涡，是道，也是禅：因缘和合而聚起，因缘变易而消散，一切的一切都如梦幻泡影、如露亦如电。

另外，过去被视为弱点的《外史》的结构其实是华严宗所讲陀罗网摩尼珠式的结构：网上的每一条网线交接之处都有一颗摩尼珠，每一颗珠子都能照见其他的珠子，也能从别的珠子反照自身。用这种方式结构长篇，与说书人的系统有差别也有联系，如人物单元化，如《水浒》之林十回、武十回，但《水浒》有汇聚式的高潮，《外史》则是"曲径分岔的花园"式的，有点《哈扎尔辞典》之辞典小说的意思，读者须时时启动"互见法"。读者、《外史》、禅、吴敬梓也是这么个珠网互摄互印的关系。

还有，细读《外史》发现活用、化用禅宗的地方太多了：语词上的例子：一鞭一条痕、一掴一掌血是宗门的常用语；篇章结构的"拐弯法"，大故事写三访杨执中阴差阳错地闪过（二娄看到杨执中家里挂的是公案偈："嗅窗前寒梅数点，且任我俯仰以嬉；攀月中仙桂一枝，久让人婆娑而舞。"），小细节写余大、余二弟兄俩要自己喝酒，虞家来请，又被凌家请去洗澡，结果到了洗澡处赶上打架，到了虞家酒席散了，回到自己家里就被娘子们喝了，二人笑叹"一啄一饮皆是因果"（第四十五回）。拐弯，是禅宗公案的基本章法。

王骧陆居士说："禅者，以妄念打除妄念，归入无念时本来面目之妙法也。"（《入佛明宗答问》）让《外史》再活入今人和后人心智中，融入"重新使用""再度创新"的"传中之统"中，发掘其禅机、禅味、禅悦可能是个有前途的角度，因为越来越成为"摩登原始人"的人类将不得不"以禅悦为食"，今天心灵鸡汤大热卖就是证据。

文化的冷传与热播

达摩一苇渡江、九年面壁，二祖立雪断臂，乃至三、四祖"以心印心"的秘传都是冷传，自古传法，命悬一线，气存一线。五祖千余人听法，六祖千余人听法，当年叫盛况空前，用总人口一除，还是小众传播。六祖艰难传法叫冷传，神秀步入宫廷大行于世是热播，然而六祖一脉雪球越滚越大，神秀一脉几乎及身而绝。横着百人读叫"行"过，纵着百人读叫"成"了。等到禅宗大盛，伪恶迭出，宗门热闹了，禅变味了。对禅宗最严厉的批评在禅宗内部，《外史》中讽刺的和尚、尼姑是佛门中的寄生虫、社会的害虫。他们是吃佛的，热播以后必然异化。

一"热"了就含假招子，小而言之宣传、广告，大而言之政治、经济，"无量头颅无量血换来旧乾坤"。一场热播：举起你森林般的手臂。而冷传的是真东西，然而冷传不能变成"商品"，于是只能"自食"。冷传热播真东西假招子之间存在着两马分尸的悖论（自相矛盾的等价式），这也是传统文化与现代化关系的一个"剪影"。

传统文化自 1919 年以来，在政治、经济、文化、教育、习俗等领域被拔了"根"，要想恢复这个"根"，最好是艺术地来，而不是宣传着、规定着来，只有艺术是自然而功夫的，别的方法会造出假树、拔苗助长。只要是强制的就是违背"道"的。恩格斯说要想提高哲学水平除了学习以往的哲学没有更好的方法。我们不妨仿辞：要想提高文学艺术水平除了学习以往的经典外没有更好的方法。像《儒林外史》这样的"心灵小说"是需要用心来读的，它的命运当系在冷传上。《儒林外史》犹如那"两岸猿声"，是艺术的宿命、是禅味的本分，如母念子，未来，还会在荒村野店有素心人来"商量"它，在展读它的时候那会心一笑就培了根。热播《儒林外史》的各种运作如轻舟，会赚个瓢满盆满，但也会一去不返，打了水漂。

《儒林外史》破迷破妄，想替众生拔去苦根，吴敬梓的笑，是哭不出来的眼泪。这个智慧英雄给五浊恶世留下了摇曳的幽光。

宝玉心态的哲理内涵*

寻梦：意识超前的象征

曾被认为是宝玉原型的纳兰性德，的确有着和宝玉差相近似的寻梦意识。他总是觉得"醒来无味"，总是追寻梦境，而梦又总是被"聒碎""搅碎"，梦碎之后，越发惆怅，只有"还睡，还睡"。著名的《长相思》《如梦令》都是要做思乡梦。其实，思乡情绪不过是对眼下生活的不惬意的一种调节性心理，他回到皇宫相府，也同样感到孤寂无聊，"残更数尽思腾腾"，"那堪孤枕梦边城"，"今宵便有随风梦，知在红楼第几层"（《饮水诗·别意》《饮水词·于中好》等）。所以，他的思乡梦关键是梦，亦即是自己深心追求无法实现，只有在梦幻境界中去体味。而这种梦想又被现实性的力量"聒碎""搅碎"。性德并无受猜忌的愤懑，也无"士不遇"的感慨，其"梦不成"的词境正揭示着词人对整个现存生活的不满。"还睡、还睡"，深切地表现出对现存秩序的整体性不如意，这是来自统治阶级内部正宗贵族对本阶级的浩叹！

作为贾府的"凤凰"，宝玉也应该称心如意，然而他也偏偏无故寻愁觅恨，偏对诸事都安排好、行动有人照管的生活烦腻，在发呆中沉湎于自己的梦想，捕捉自己的意绪，寻找自己心中隐隐的新梦。他是大观园中的杜丽娘，在真实的生活中寻找青春的兑现，用灌注了情感的细节建筑心满意足的梦乡。

---

* 本文原载于《红楼梦学刊》1990年第3期，收入本书时有改动。

纳兰也好，宝玉也罢，还有杜丽娘，他们的寻梦是一种冲动不能落实的希冀，是一种苦闷的象征。他们站在理想与现实的分界线上，处在梦境与凡尘的交界之处，迷惘便是当然的常规心态了。而迷惘也正是感受不到生之目的，处在目的迷乱的煎熬之中的典型情态。这发生在贵族阶级的青年身上，从而极有说服力——从心理层次上折射出时代的脱节。这种心态显示着一种渴望：现实和传统需要来一个彻底的和立即的转变！超前性的追求滋生了寻梦的冲动。寻梦便成了无目的的目的。

《红楼梦》是个硕大无边的梦。它既是红楼破灭之梦，又有主人公的寻梦和惊梦。主人公那青春梦想和其梦一样的游魂，游离了红楼的家谱，超越了红墙的界畔。在主人公眼中，红楼中的生活是另一种梦，是噩梦，是反认他乡是故乡的无根的梦。主人公滋生了青春梦想，便视家族生活像梦魇一样了，他自认为根在自己心中，情根（埂）才是根，舍此之外，都是没有目的的笑话。

关于生活目的，他自我感觉好像很明确：与众姐妹厮守终生，与林妹妹两情合一成为一个生命体才感受到快乐。先想死后被清白女儿们的眼泪漂起，后"悟情分"，懂得了各人只能得各人的眼泪，有许多女儿是不会用眼泪埋葬他的，他便坚定了死后化灰化烟的信念、目的。这是多么凄凉的一种人生感受，多么沉痛的一种人生归结，无事忙的寻梦情感，隐藏着一份多么酸苦的信仰。我们不能责怪他没有信仰，正如不能责备乞丐没有黄金一样。然而，放弃了钦定信仰，正说明了他灵魂的富饶，正表明那是一种挣脱礼教信条、渴仰完全的健康的冲动，正显示出一种可贵的个性自觉。已经没有别的可以成为目的了——情天之外别无天。仕途经济、圣经贤传都和他的感性情感格格不入，他确立目的的支点不是义务利益的考虑，而是感性情趣，他是用美学化的态度来生活。与异性审美关系的情感，使他获得最充分的本性的对象化，于是这种亲融女性的快感成为他的人生目的。也因为他只拥有缘于情的解放、萌芽于感性的自觉，所以便只能以情为根，将情的对象化为目的，只有情的追觅和树立。因他确确实实没有一种真正必要的和成为一种内心神明的事业和工作。

因此，在移情中陶醉便成为他兑现自己梦境的主要形式了。所谓"玉兄一生全是体贴功夫"，即是这种审美化的移情工作。他差不多都是在移情化的感受方式中度过的。见鱼儿与鱼儿说话，见鸟儿与鸟儿说话，将海棠花"看一回，赏一回，叹一回，爱一回，心中无数悲欢离合都牵到这株花上了"。这种移情是寻求广泛认同的移情，是一种可怜的对象化。让人躲雨自己却在雨中，烫了手还问人家疼不疼。只有把自己贴向对象，才感受到自己的存在。移情是取消了自己，又是确立了自己。他就这样切断了与正统观念、社会总体的联系，自著扁舟，驶向理想的个人情感的港湾，独具风格，成为"行为怪僻性乖张"，"哪管世人诽谤"的叛逆了。"孽根祸胎""混世魔王""有天没日"成为确评。他的种种"无状"其实正导源于寻梦的冲动，追寻没有结果便滋生出不可名状的厌倦。寻梦和移情都是一种美学化的人生态度，当其在主观上合目的、客观上超前合规律时，在现实中就必然感受到沉重的多余、异己的压力。别人认为他荒诞，成为有名的呆子、中看不中吃的内心糊涂的人，他更视周围的一切多荒谬，不但女儿由珍珠变成鱼眼睛使他惶惑，清净洁白的女儿入了国贼禄蠹之流的囊中他又愤恨又痛苦。元春姐姐的荣显、家中鲜花锦簇的繁华他全无感受，反觉无聊，峨冠博带之流的仕途经济更是混账，梦魇般的问题噬咬着他的心灵，他的乖张正是对各种不合情理现象的否定批判。这样，他对流行的价值观的怀疑、否定便是必然的了。追求与批判本来是一体两面。他的乖张是寻梦者的乖张，这种乖张是目的迷乱的一种焦灼和烦躁。除了发呆以外，发烦便是他另一种常规心态了："我哪里是乏，只是闷得慌"，"我没有发烧，是心烦的缘故"。莫名其妙的无聊、恍恍惚惚的愉快，"无故寻愁觅恨，有时似傻如狂"，这是目的迷乱的典型症状。

对林妹妹的情感，作为具体目的，在他当然是坚定而明确的。然而，且不说见了姐姐就忘了妹妹的浅层次上的迷乱，就是对林妹妹的钟情成为身家性命，也是他在现实生活中失去更宽宏目的的证明，是他切断与历史、社会总体联系后，失去了个体汇总于总体这个理论上的目的后的迷乱中的目的，当然是新生的追求，是一种越轨的梦想。黛玉是他的"北极光"，他对黛玉钟情是一种美学性的追求和梦想。黛玉是他新生意识的象征对应物，是他刻骨铭心的一个梦、最大的梦，也只是梦。历经试探、争吵、誓言、信赖，终于两情相印，然而像舒婷笔下的"船"，划过了无垠的大海，却在临岸的"咫尺之内，丧失了最后的力量，隔着永恒的距离，他们怅然相望"。倾注毕生精力的追求，也不过如此了局。黛死梦醒却滑向了佛教，目的明确了，灵性已通的顽石也消失了。幻灭达到了零度状态，生命没有意义，爱情没有结局。

寻梦的历程与寻梦而不得的迷惘合成了他迷离惝恍的梦一样飘忽的心态，没有坚定的支撑，也没有持久的稳定，随着感性与直觉的迁移而痴、呆、烦、闷。没有固定的实体，没有航标，甚至没有河流。是克尔凯郭尔说的美学阶段的以快乐为原则的人生性状，追求的是自己情绪自律的满足、快乐的感受，而实质是一种精神的流浪。精神没有故乡，生命没有自由，找不到自己的使命，也不想承担外在的家世利益规定的使命。

这种目的的迷乱，准确地说是：只是在感性的层次上、范围里感受、直觉到自己的目的，又不能不走样地扩展到理性（没有相应的社会理性）、落实到行动。自己原发的真正目的只是一种不稳定的情绪，这种情绪一因自身不稳定，二受环境的矫正，与经典观念抵触矛盾，从而稍微从本我天地做外化移动，便不知何去何从。换句话说，目的迷乱就是有了新感性又没有新理性。这是新理性诞生前的阵痛，是最终靠历史解决的问题，是任何交替阶段先觉者孤独、迷惘、焦灼的原因。宝玉迷乱的心态显示的是一种精神出离，精神出离是一种深刻的叛逆，构成了他的光彩和魅力。

孤独：反文化的前提代价

新生的而非绝望的目的的迷乱，缘于感性的复苏，它冲破旧的规范这一无形的文化枷锁（规范异化是异化常见形式之一），拒绝加入任何外在的桎梏和束缚，以个体的感性情趣为价值准绳，对已树立的天经地义的正宗的真理和义务嬉皮笑脸，是在用个体的潜意识反抗社会理性，拥有这种迷乱必须付出代价，必须承担孤独的痛苦。

老子倡"无言独化"，庄周要"弃圣绝智"，魏晋人喝酒、吃药、扪虱子。

李贽说是非"无定质""无定论",只有"最初一念之本心"是真的,尔后便无所不假。都是想摆脱掉那沉重厚硬的文化异化的岩层,想多一点自由和解放,多一点自我的回归。宝玉的"有时似傻如狂""愚顽怕读文章"正是一种反文化的心态,正说明他童心不泯,有可贵的批判精神和反传统光芒。然而,他孤独。

人生是一段选择的历程,性格就是命运。当宝玉选择了与旧的价值体系对抗的道路时,当他拒绝委身于孔孟之道时,便担荷了宇宙一子民的孤独,他心中的"奇情怪想"永远无人理会。人家越围着他转,他越围着人家转,这是一种深刻的孤独、寻求解脱的孤独。因为他的情绪永远不会彻底地对象化,永远难在现实中找到载体。唯一的知己林黛玉也并不能给他无条件的安慰,看不见的间阻使两人的真情不得不以变形的形式交流,其间的痛苦更增添了他多少孤独!怡红院对月长叹的日子,岂独单为一个林妹妹?只是最能寄怀真情的寓所,在受挫的情况下成了全部人生感慨的突破口罢了。

表面上看宝玉喜聚不喜散,姐妹出嫁群芳凋零,都使他痛彻肺腑。似乎追随集团并不孤独,其实心中充溢着无限的孤独。在与众姐妹厮守终身的誓言背后,是化灰化烟的悲慨,是对女儿国之外的世界的恐惧与反感,以一种反孤独的形式表现出的深刻的孤独,是誓不介入仕途经济的孤独,是拒绝的孤独,几乎接近克尔凯郭尔说的"孤独个体"的那种孤独。宝玉的孤独、烦恼以不满于旧的价值体系为缘起,是正当的、合理的。所以,这种孤独、烦恼以感性的生命形式实实在在地证明:封建规范、思想体系没有先天的合理性,它只是一种人为的规定,而不尽符合不断发展的人性的必然要求,没有历史唯物论的曹雪芹写出了历史唯物的事实。

事实上,孤独成了宝玉主体性的证明和保证,也是他感受自己存在的情感形式。他别无所依,无论是理性信念还是感性意趣都没有一个内在信服的标准和依仗,以封建规范为内在生命的薛宝钗永远也不会有这种孤独。黛玉的孤独是直接的,甚或可以说是浅显的异己感,宝玉的孤独则是全部人生体验上的异己感:即使在家里也觉得是别人家的孩子。这似乎可以证明一个通则:在临界解体的社会里孤独的有无与深浅规定着他在未来的位置。孤独并不都是消极的。他的烦恼又一次证明，觉醒总是由个体的生命率先感应和体现的。他要重新审视一切，"证成多所爱者，当大苦恼"。这种觉醒的个体的此起彼伏，便会汇成思潮，成为伟观。

宝玉开始选择适合于他的文化定义。理论上，只有同个人内心、新的时代需要相联系的文化才具有强大的生命力：在宝玉的性灵、迷乱、孤独的反衬下，宝钗这个血肉丰满的古典主义者显出只能发出回声永远唱不出歌来的枯井的本义。宝玉力图再度掌握文化对个人内心的表现功能，恢复个性在文化中的至上地位。他生平之大畏是读父师责训之书，却偏爱杂学旁收。前者戕害他的兴趣，后者是为他的冲动寻找支撑。兴趣成为他掌握文化对内心表现功能的选择标准，是他没有价值标准的价值标准。缘依兴趣而生活是宝玉的特色。"不过供一时之兴趣"，规定了他的亮点与悲剧。兴趣集合了他的全部新的感性冲动，成为他用直觉抵抗旧文化的武器。这本身是一种悲剧性的对比，也决定了他孤独的内涵和重量。

有兴趣，便全神贯注地移情去"体贴"，无论对人还是对禅机、戏曲等文学哲理书籍，没有兴趣便全无会心、怀疑、否定，因不懂而惊诧，因反感而恶心。备严父急考，不得不夜间用功，且不能稍稍将心思从女儿身上转到书本，兴趣化已成为他不可更改的情感形式。一己情趣与大于世界的反差怎能不使痴顽的宝玉陷入不可名状的痴呆疯傻之中！在要么改变环境以符合童心、要么改变童心以适应社会的选择中，贾宝玉跌跌撞撞死抱性灵不放，"过一日是一日"的悲慨，既是宣言又是遗嘱，其中有多少沉重的悲凉？

"最恨这些俗套，在外人前不得已"，"见了别人怪腻歪的"。元春受封，贾府大幸，但"如何热闹，如何庆贺，众人如何得意，独他一人视有若无，毫不介意，人们嘲他越发呆了"。其实何尝是呆？这正是他独具性灵之处。他已游离了旧的价值体系，已成为一个"局外人"。厌倦、冷漠是否定的情感，是积淀到日常生活中的对旧文化的反抗、叛逆心态。旧观念已在宝玉生命情趣中丧失了支配地位，新目标又极为模糊，唯一可凭借的精神支点即是自己的个性。所以，他只有孤独。个性越是舒展和独一无二，越难获得理解，自己也难在外界获得认同和亲融。这种多余局外的情感形式本身比他的个别言论更有富饶的能指意蕴。蕴含在感性中的意义揭示着一个世界的情感性质。它提出这样的问题：人与这个世界的关系是和谐一致的，还是分裂矛盾的？人生活在这个世界上是幸福的还是痛苦的？宝玉形象作为审美对象，其情感形式的内涵正是核心和灵魂所在。因为所谓审美对象就是感性的光辉，更何况宝玉的审美态度是一种美学化的人生态度。他正是用这种态度摆脱旧的规范，获取与世界的新形式的联系，这种情感形式本身也是美学的。并且，这种情感形式以其与异化了的文化有差异而成为承受人性、揭示主体性的自由符号。

互反性：无主题的悲剧

卢梭的返回自然的反文化口号之所以在西方掀起热潮，除了时代因素外，还在于它切合了人的冲击规范异化的自由自觉的天性。宝玉性格的审美价值正在于他揭示了人的向往自由的浪漫本性。他的孤独、兴趣化是晚明以来用明心见性、直指本心来挣脱教条束缚的哲学走向的心理情感化，是那种精神指向的向感性的落实、深化。泰州学派之所以能轰动全国盖因于人们想从几千年来的精神压迫中找一条生路，也因此李贽倡童心才成为明清两代以情反理的理论基础。然而，我们不能不看到"直指先天一脉真"（韩贞《答友》），"静坐观空空亦物，无心应物物还空"（韩贞《勉朱平夫》）的无力性，想挣脱却恰当了羔羊。虚幻的主体独立与反抗永远不能获得现实的胜利，是一种"颜苍乐陶陶"的退避性的超越。"前进担子千斤重，退后阶梯老大宽"（韩贞《勉盛子云》），其实是一种新生意识没有出路的悲剧！

宝玉觉悟到"赤子之心""太初一步"的圣境之后，似乎克服了孤独与迷惘，舍筏登岸："内典语中无佛性，仙丹法外有仙舟"，焚烧曾移过他性情的《南华经》之类，能直指本心了。然而他却恰恰进入宗教的怪圈，进入不承认迷惘的迷惘，进入感觉不到孤独的无际涯的孤寂，进入零度意识。内在的心灵差异面（新感性与旧理性）构成的互反性消磨似乎告一段落。新生意识的蠕动滋生出来的合理的荒谬感至此被克服，局外人的异己感被消泯。不是随历史前进固不待言，而且也不是美学的超越，而只是宗教的超度，便既背叛了目的，也违反了规律，是宗教因素对美学因素的克服。虽然有人说美学是宗教的真理，但二者有退避与进取之别。宝玉容于其间，没有走向真理，遂成宗教与美学的互反性的悲剧。

从历史学层次说宗教与美学的互反性是消极个人主义与积极个人主义的互反性。积极个人主义以社会得到改造为终点，从个体伸向总体，以个体与总体的新的统一为指归。资产阶级个人主义在反封建时具有这种意义。而封建时代的隐士和退避哲学则是消极个人主义。贾宝玉的情感形式含有这两种因素，多余感的出现和存在本是一种抗议。其畸形的灵魂折射着社会和文化的畸形。他觉得一切都多余：功名富贵多余、没有兴趣；读书更是多余、没有意义。这已从人性的深度宣判了正统道路的不合理。个体与总体已合理地分离，儒家的教化因其失去了对个体生命情趣的适应和疏导，宣告无效。这种个体与总体的对立内化为宝玉情感形式的新感性与旧理性的对立。他能够承担到底，会成为悲剧中的英雄。而逃避到宗教则由现实的主体性进入虚幻的主体性、由真实的自由追求变成一种幻想的自由，不是克服了必然而自由，是被必然克服而虚无。

在宝玉十九年的现实的生命历程中，情感形式呈现出美学的、伦理的、宗教的这样一个"三段式"结构。所谓美学阶段是"大承笞挞"前的全依快乐原则行事的、依感性冲动而言动的童心未泯、相对自由的阶段，是"高兴了没上没下，不高兴了谁也不理"、独不在"外面的大事上留心"、能够纯洁地意识到异性之美的意淫阶段。所谓美学的，即超越世俗的，从生命形式到价值标准都超越了世俗的要求和规定，是一种在随心所欲中发挥了人性的最大正值的生命解放状态。随着外界压力的加剧，他被迫依现实原则而行动，进入伦理的阶段，直至黛玉之死。由博爱到"悟情分"，从放纵到被迫读书，移情而又孤独。他的精神苦闷成为这阶段最动人之处。烦、畏、恶心、呆，与燕子谈话、见杏子发愁，被现实原则挤压得精神到处流浪。因为他是个孤独苦鬼，最后走向宗教便终不可免。黛玉死之后，宝玉的灵魂经受了大风暴的洗礼，他沉湎于哲学、宗教的参悟，对"太初一步"的迷恋是出家的思想准备。对"赤子之心"的理解("无知、无识、无贪、无忌")与李贽对"童心"的阐发发生了原则性的背离。宝玉由热情的甘心负荷人性重量的情种变成了一个摆脱人欲的佛种,由以情反理的战士变成了屈服于现实压力的逃兵,由积极个人主义者变成了消极个人主义者。

这是一个在旧有文化体系与未来"应该"体系之间的尴尬的灵魂,"前走一步赶上穷,后走一步穷赶上"。这里显示出旧理性的深入骨髓的戕害,它以文化化入的方式,使有了新感性的个体的心灵出现差异面。从而具有了妥协性,使他在占有自身的过程中,时常出现反向的流动。它以心理形式揭示出"前新文化"内在机制上的矛盾。

这几乎是一种"宿命的"文化互反性,新的文化因子陷在旧文化信息的在劫难逃的包围中。只能在受旧意识控制的同时发生些微的游离运动。妥协性与主体性的互反使宝玉在占有自身的过程中时常出现反向的流动:社会假借他自己先否定了自己一半。他并没有充分地体现出对主体价值的占有。在他得到什么的时候也正在失去。当他全部失去时,并没有产生高昂的主体的胜利。

这也再次证明个体兴趣无法战胜旧理性桎梏,而且也提醒我们要全面地分析以兴趣为价值标准的人生哲学。宝玉能够为"此在"的满足,割舍将来的利益,不为外在的功名扼杀内心情感,这可以说是从外界找回了主体,找到了自我,是一种解放。正是在这个意义上,我们蔑视薛宝钗那为将来利益割舍此在满足的功利主义,少女的冲动湮没在利益考虑中的冷美人终究是半个人。然而,宝玉也是另一种意义上的半个人,虽具性灵、灵魂富饶,却终究是消极个人主义者、自然浪漫主义者。唯有合目的合规律地将此在的满足与将来的利益取得一致、达成和谐的人才是强者,才是完整的人。

宝玉有浪漫的情愫,没有浪漫的力度。他身上虽有魏晋遗韵、盛唐情致、晚明性灵的独傲美,更有庄禅意趣,以及宋代以后的与女性的亲融意识所产生的没有男性雄风的姑娘气。这又正好不能"护法裙钗",构成与初衷相反的效应,这也使宝玉更陷入荒谬感中。所以他的情感形式只是英雄浪漫主义前夕的多余人的消极浪漫主义,只是一种罗素说的"善感性"(《西方哲学史》),

只是一种溢出了古典主义又没有追求瑰丽的新理性的有冲动无形式的情愫。成为一种无主题的悲剧、一种消磨性的悲剧。唯有真正的崇高的追求新理性的建设性的悲剧构成了生活与希望的意义。

宝黛悲剧是人文知识者无路可走的悲剧*
——细读第三十二回（诉肺腑）、第三十四回（情中情）

生活如流水 体制如河床

能从日常闲谈中显示出人物那决定其命运的个性，把天大的事插入"天天如此"的鸡毛蒜皮之中，如实摹写原生态的生活，又不像《金瓶梅》那样没有寓意——《红楼梦》酷似"生活禅"——是悟透了禅机的闲言语。从中国叙述史的角度说，则是彻底告别了"三突出"式的传奇法，也就是说彻底摆脱了戏剧、说书艺术这个小说的母体对小说的笼罩性的影响，从而直接成为现代文学的河床跑道，在写法上为新小说立了体制，这是《红楼梦》具有生发性影响且持久不衰的原因。

你看，湘云、袭人、宝玉的三人谈，就这样平平常常地从针线活谈到"人怎样生，路怎样行"的人生哲学上来，非常生活化地显示了宝玉不走"正轨"的个性、不想加入体制内去分割富贵功名的人生选择。常被视为宝玉人生宣言的"混账话"问题，就那么稀松平常地被湘云、袭人的笑话给"消解"了——日常性就这样蚀啄着生命意志的价值诉求，水落石出后，才发现其迹象早已存在。蛮有用意又不露声色的写实，才使《红楼梦》具有了既是生活又是禅的韵味。

---

* 本文原载于《红楼梦学刊》1999 年第 3 期，收入本书时有改动。

宝黛悲剧是人文知识者无路可走的悲剧

单写一个场景还是平面化的叙述，还不足以体现那生活流的立体张力。作者常用"隔墙有耳"的加入方法形成旋转的立体空间，宝玉那边还照常进行，黛玉这边已在翻江倒海矣。黛玉的这番东绕西绕的"琢磨"是展示本书"心理现实主义"魅力的典型范例。可挪用脂砚斋的俏皮话来发一问：颦儿的心中想，芹兄何以得知？然而雪芹就是毫不退却，因为他就要表达主人公的价值感受、体验结构。直到"揭发"得了无遗意了，才让宝玉走过来，让他们正面交流。

"诉肺腑"是宝玉正面直接向黛玉坦露爱情的唯一的一次，是本书最抢眼的一次"话语事件"，倾向"爱情主题说"的人曾建议长篇到此已可结束矣。然而二人的言路与思路又实在没什么了不起的，几乎什么也没说——这正是让要看艳情的人大失所望、让洋人大惑不解的。横亘在二人之间那看不见摸不着又确实存在的壁障是什么？是这两个知识分子共同接受且已内化到直觉的"理障"——除了精神气质的因素，就是礼教，礼教暗示给黛玉这种"非法"行为毫无结果。作者凭着天才的直觉不让这次交流成功，一旦把话说完就"不像"了，因为宝黛不能朝着民间文学的方向走"桑间濮上"之路；也不能重复才子佳人的老套；更不能与体制内主子们的惯常做法同流合污，走"脏唐臭汉"之路。而且，黛玉那人文知识者的"叶公"劲头使她躲避真龙——时刻都想听到的东西却偏偏不敢真来听——她跑了。他说宝玉是镢枪头，她则只是银样而已。他们的退缩遂使生活的流水照常流下去。当然，他们一旦"偷期密约"则与才子佳人难区别矣。作者像是在遵守不能打破桶底子的参禅规矩，将问题转换了——宝玉的倾诉被"顶替者"听了去，这当然不能视为"调包计"的预演，只是预伏了袭人向王夫人进言的线索，张开了生活之网的另一面，深化了体制与反体制冲动的紧张，而生活之流毕竟还是沿着体制规定的方向往前流。

袭人"当面有耳"、不是偷听的偷听之所以可能，因为宝玉不是个机警的侠客而是个常常移情而犯迷糊的痴人，此时则痴迷得灵魂出窍了，所以才不算是合情理。而袭人的话凸显了这个场面的喜剧感。她僭越了黛玉又深感"坑"得慌，说宝玉中了邪，宝玉也只有"羞"走了之。这个小戏冲走了那

个大戏。而那个大戏直到最后也没出现——宝黛之间直到最后也没说出那句话。——这种诉不成的肺腑正显示他俩有新意的"心思"虽在祖传老例中发生了位移，却无法外化的无奈。这种无奈是正宗悲剧的无奈，而且带有某种"情愿"色彩——尽管谁都知道他俩一点都不情愿，只因无路可走，不得不如此而已，所以那个貌似的"情愿"才是最有悲剧含量的：有情诉不出犹如那哭不出的眼泪！《红楼梦》无尽的悲剧魅力正在于这个似有若无、从而绵绵不绝的苦感和爱恨交织感，诚为代代人参不透的大禅——才说一物即不中，看山还是山却已不是那个山。自然没有法眼便只看山是山也足够可观。

宝玉走了，宝钗来了。宝钗与袭人的闲谈，既补足了湘云的处境又显示了她"随分从时"可以让任何人接受的性格，以及她对宝玉不露声色地"做功夫"的心迹。宝玉"你放心"誓言的张力一点也没开花结果又换成了普通生活场景。金钏自杀这个"事件"说明日常生活中时有悲剧发生，只因其人微便也事轻，不能影响主流的方向，就让别人报道，作间接叙述，并把宝钗引渡到王夫人这边来，对宝钗接着作深度报道。这娘儿俩的闲谈又是一个"多媒体"板块。过去常据宝钗劝姨妈的话说她跟薛蟠一样冷酷、视人命为草芥——这是公羊学的"原志法"（意识形态话语模式的目的论联想），如果她这样说显示了剥削阶级的本质，那下一回宝玉让老仆人报信，那个被剥削阶级的老大娘说：她愿意跳井让她跳去，关二爷什么事！又显示了哪个阶级的本质？这无须深说。具有领起下文作用的话头是：王夫人已嫌黛玉太"有心"，而宝钗的"随和"是因为她想与体制和谐一致，其言述品质基本上契合体制的价值系统。她尤能"揣摩"领导意图，总在说家长正想听的话，她具有这种加入体制的"专业能力"。因而她再博学也不具有反体制的人文精神。相比之下黛玉不着边际，而且不想着边际，这样的人越有才华越是异类。

等到宝钗给王夫人拿来衣服时，宝玉说"你放心"的情景已换成正在接受体制压力的处境了。他唯有流泪而已。而王夫人为了保护宝玉的名誉，居然在宝钗面前撒谎，这个细节展示了体制中人以符合体制的形式化要求为头等大事的心态。他们认为宝玉若破坏了这个形式，就成了废人，家族和王夫人本人也就失去了辉煌下去的全部指望和倚靠。保护宝玉加入体制，是他的全部监护人的自觉的使命、不言之教。就连袭人这个奴才也积极主动加入这个大合唱，因为这是她取得在贾家这个"国家"中的地位的晋升之阶，她也因此得到了能得到的顶尖"名器"——如姨娘一例待遇。而可怜的金钏儿守着"权力资源"却不知开发利用，没有像袭人这样走合乎体制的道路，她与宝玉的关系倒是纯洁的，反而以勾引宝玉的罪名而得到惩罚，与宝玉有私情和不才之实的袭人却因有体制的保障而成为"合法"的。金钏儿死于心中的怨恨。宝钗说她脾气大便是糊涂，倒是禅理名言。宝钗因预期良好而无怨恨自然不犯这种糊涂。金钏跟晴雯一样枉担了虚名儿，只是晴雯比她更冤枉，都因取径不如袭人"合适"而被踢了出来。

生活流"该"怎么流还怎么流，规定这个"该"的"河床"就是那个隐藏在现象背后的"体制"。

《红楼梦》的耐读还在于它一点也不煽情，就是有高潮要来也把它阴差阳错地"转"过去，一种感人的东西刚刚升起，马上就用一串嬉戏的话头把它岔过去。作者深知月满则亏的辩证法，尤其是宝黛之间的感情本是那山石下的溪流，绝不能也不可能一泻千里。后面的"情中情因情感妹妹"以至前八十回，都是生活喜剧包裹着生命悲剧又近乎于无事，是最能反映生活之苦乐参半的原生态的章法了。每一细节都差不多是写实与写意的融合，让你感到既是生活又是禅。凡夫生非，你方唱罢我登场；鹤立鸡群，无路可走找不到家。优者萎靡不振，劣者干劲冲天。难怪宝玉说他们那一套是"混账话"。

混账话

宝黛二人有了那种非实现出来不可的情愫，又有着不能说出来、更不能做出来的"教养"和学养，前者缘于自由人性，后者来自"河床"的规定以及他们不同于才子佳人的人文精神。无法设想他俩诉成了肺腑、又有了待月西厢的艳事，最后会怎样？那就变成了个人事件，那种事情也在天天发生。在文学上，最后没成了眷属的，有元稹的《莺莺传》，成了眷属的有王实甫的《西厢记》及清初才子佳人小说，早已成了套版故事。无论是"善悔过"也好,还是"奉旨完婚"也好,其关键在于都回归于体制之内,无论是他们本人还是写他们的人,都愿意而且正在以体制为归宿。曹雪芹以"绝望的抗战"的勇气,让他的主人公拒绝了那个天经地义的"河床",从而使他们的处境陷入严峻的两难之中。宝黛二人都没为这份感情的结果而去争取现实的解决,既没向权力者输诚(如黛玉在贾母、王夫人面前表现得像一个称职的媳妇),也没起用体制的力量(如宝玉去考取个功名,从而取得发言权、自主权)——这种现实道路不在他们的心胸之内,那样贾宝玉就成了甄宝玉、黛玉就成了宝钗。宝黛就都成了会说"混账话"的巧人了,家族里的人也就看着他们不混账了。那样这部大书就变成了世俗喜剧,他们的感情剧就成了才子佳人的混账剧了。

事情本身就这么麻烦纠缠,也就难怪敏感的黛玉这么纠缠别扭了,她实在是无路可走:乞灵于体制,她就变乱了素性;拒绝体制,也就不可能如愿以偿。体制没有开放其他的可能,她又不可能"冲"出另外的河床来。她的感情包含着这个指向,但她没有开步走——谁缚汝?谁都在缚,而又没有哪一个来缚。读者看到只是她在自缚,其实是那个体制的五脏六腑把她消化得"不得不如此"。其中最致命的是道德,是宝黛二人深受其苦却还真奉行的道德。珍、琏、蓉辈不信封建道德固不待言矣,就是宝钗、袭人这样的受奖励的道德规范,其实只是遵守了封建道德形式化的那个方面,在外观上更规矩而已,在实质层面宝黛却在坚守着圣人道德的真精神——这种注重道德内在性的精神,是不向体制低头的,它要求体制来符合它。当他(她)蔑视现行体制、流行文化(经常是主流文化,如宝玉所厌憎的八股文化)时,绝不异面目以求荣,反而斥那种东西为"混账话"。

林妹妹最能赢得宝玉倾心的就是她不说"混账话",不劝宝玉加入现行体制,这在黛玉是自然而然并非故意的——故意就成了手段。他们身上的艺术气质、美学化的生存态度,简言之就是追求价值却无法拥有价格的"诗性",使他们不想建功立业,只想诗意地栖居在大地上。这个基本事实说明了什么呢? 说明他俩都是正格的人文知识分子。而体制中人看来他俩都是不中用的废物。人文知识分子之"聪明废物"的特征也让他俩体现无遗——黛玉的聪明用来自虐、宝玉的聪明用来自放，他们自恃的那高级情智一点也不能自我实现，因为体制如山，而且逻辑异常清楚：入来，有什么给什么（唯没有自由情志）；不入来，什么也得不到、你就什么也不是——后来被革命烈士概括为：为人进出的门紧锁着，为狗爬出的洞敞开着。加入体制，素来被孤高的志士、隐士视为钻狗洞，但这一般是发生在对立的阶级或民族之间，叫气节。宝黛的境遇不存在这个问题，他们本是现行体制中的特权人物，只要他们愿意，体制的电梯运着他们上升。他们拒绝加入体制的原因，既没政治矛盾，也无利益冲突，只是文化上不相容、道德精神不一致。宝黛所倾心的生活方式、所秉持的文化精神（这方面的具体内容已有大量关于黛玉是诗人、宝玉是多余人等论述）、个性化的生存方式，不符合体制的预期，与专制的一元化的形式主义管制扞格难通。他们既是异类又是微弱少数，他们的知识又不能变成权力，所以他们无法自由地坚持下去。所以可以抽象点说：宝黛的悲剧是人文知识分子无路可走的悲剧。从接受环节也能辅证这一点：历代文人偏说黛玉好，尤以20世纪50年代以来的"革命文人"为甚，而近来以入体制上轨道为美为实惠的工商气质的人们又转而欣赏宝钗的精明和圆融了。

　　不想当官，在宝玉这里也只是与秉性不合，觉得那种生活在剥夺生命、不能尽情任性殊无意趣而已，从阶级论找政治意义缘木求鱼。个中包含的矛盾冲突是生命意志与生活体制的矛盾，是个性化的生存姿态与家国一体化的道路管制的冲突，是诗性的文化情调与主流意识形态的抵触，是自然人性与既得利益者的功利观的矛盾，类似舍勒说的本能造逻各斯的反。谁更合理看依据什么标准来判断，人文化的价值标准诚然有尼采所批评的"人性的，太人性了"的毛病——因浪漫而颓废，但为了功名利禄而异化生命也有"物质的，太物质了"的鄙俗。各有各的毛病才悲剧呢——佛如是说，若黑格尔说则是各有各的合理性才悲剧呢。反正宝玉不想走、黛玉也不劝他走仕途经济这条钦定的金光大道，是黛玉的艺术家气质、宝玉超越现实的人文精神使然。他俩不说"混账话"，是拒绝体制和主流的"话语霸权"，这种抗拒的姿态的此岸性依据是个性，彼岸性依据是他们形而上的终极关怀，这两样在现实当中既无立足的空间更无发展的空间，一死一走，只因在人间世无路走。他们的灵魂在体制外,他们的形体在体制内,要么为了皮囊丢了灵魂,要么为了灵魂放弃皮囊。他俩重灵轻肉,与绝大多数人不一样,从而构成一道奇异的"人文风景线",只供后人瞻仰观赏,而后人并不真的来学样——因为中国的人文精神的主导倾向以不同的声音说:"莫效此儿形状"!宝黛在中国的人文精神的谱系中也是异类,但他们比那些"正类"更人文,尽管如此,今天的人文精神又从新的高度说宝黛还是不值得学样。

怨恨心态:如愿以偿的失败

只重目的,没有手段,是宝黛人文品质的必然表现。拼到最后也就一个态度。宝玉能给黛玉的也只是个态度——"你放心"已是宝玉的最高承诺。黛玉最后半句:"宝玉!你好……"也是指责他的态度,黛玉能表示的也只是自己的态度。因为人文型的文化落实到人生实存就是个态度。其实他俩的态度对事情进程的作用在可以使之失败上是充要条件,在使之成功上却只是必要条件,垄断了权力资源的家长才握有充分条件。聪明的黛玉对这一现实看得很清楚,她对宝玉放心以后,转而忧虑无人为她主张。别看她在生活上备受照顾,其真实地位却是个"边缘人",她越有自己的诉求,就越是边缘人。家长们对黛玉的个性和由这种个性决定的身体状况(典型的斯人也独有斯疾也)完全失望。对她的基本评价就是:多心、心重、心细。这回王夫人说她是个"有心的"——是说她太"格"太有我太别扭太多事太麻烦。贾家给家族主要继承人选媳妇一如国家选皇后,是这个家族的头等大事,上到太君下至丫鬟都要积极参与,因为直接关系家族的气运和他们的切身利益。合府上下谁不知道他俩的心意,但只要不符合主子们的意志,他们再有心意也是白有。区区被决定者林黛玉放心不放心的,也就是对自己的身体有作用而已。续书写她最后的处境差不多像是贾家的麻风病人了。只因她不想老老实实地等着家长给她安排,若那样她也就是体制中人,从而可以"安富尊荣"了。

黛玉是多疑多忌、自我纠缠的标兵,总处在与他人作对的怨恨心态中。过去常说她的生存状态不佳是由于嫉妒,这不尽准确。宝钗、湘云可以让她嫉妒，但那"一年三百六十日，风刀霜剑严相逼"的感觉却绝不仅由于嫉妒，或不主要由于嫉妒。而是由于价值差异感形成的怨恨。舍勒在《道德建构中的怨恨》中说："怨恨是一种有明确的前因后果的心灵毒害。这种自我毒害有一种持久的心态，它是因强抑某种情绪波动和情绪激动，使其不得发泄而产生的情态。"诚如有的论者所说：怨恨涉及生存性的伤害、生存性的隐忍和生存性的无能感，是一种生存性的伦理情绪。黛玉的尖刻和自虐，都根源于怨恨的心态。但她唯一能做到的就是打趣别人、拿自己的身体出气。这样做的效果只能是事与愿违。她的一贯表现就让宝玉、紫鹃以外的所有人都同意将她悬挂在体制之外。她的孤傲、自尊、不随分从时、不重实际的性格使她在自己最感兴趣的事情上也照样"一无所用"。"超人"没有现实的生存空间，她只能生活在"末人"当中，而且注定了必被末人吞噬。这是真正人文知识者普遍承受着的"命运悲剧"的通则，黛玉凸显了其中的"禅机"。这个形象的魅力盖在于她揭示了文人在现实中永远处于"失败境遇"的性格机制——总以超人自居却被末人溺没了。

尽管人文知识分子并不必然具有黛玉的"小性儿"，却必然具有她那不合时宜与怨恨互生共长的大性儿，尼采说"不合时宜"正是他们纯洁和诚实的表征。黛玉那不入时的心气儿，也正是她拒绝庸俗的性格屏障、不说混账话的心理基础。她不劝宝玉加入体制，可能她直觉到若宝玉成为体制中人，则必然会变成另外一类人，既不会再来爱她，她也未必再爱他了——这等于让她死。宝玉挨完打，她历经千回百转挤出来的安慰词却是："你从此可都改了罢！"宝玉的回答古怪得别人听不懂——因他把黛玉也算在"这些人"中才这样说——"你放心，别说这样的话。就便为这些人死了，也是情愿的！"（三十四回）又一个你放心，又被别人打断了——日常性有时是比意识形态更大的梗阻。同在一个园子里却咫尺天涯，脉脉此情终难诉。黛玉是宝玉不走"正路"的支持者，这也是怨恨心态的作用，它从反方向寻求确定价值的行动（尼采在《道德的谱系》中对此作过深刻的解说）。这个基本姿态决定了她加入不了主流体制，最终必被主流体制放逐。如同只有以卫道的姿态出现才能很快得到提拔、重用是一个道理。黛玉岂能不知？只是不想改变自己——这是人文知识分子惯有的"任性"。是非同门、利害同根、成败一体——黛玉应该谁也别怨,她的结局用得上那句佛门现成话:自作自受。她的失败是种如愿以偿的失败。孤标傲世的成本从来就是这么高。黛玉的骄傲和任情以及因此而沦入边缘的命运及其怨恨心态最能赢得恃才傲物的文人共鸣。——没有悲剧性格哪来悲剧命运?!"少年"读者一定怪黛玉不听完宝玉的誓言,至少不应该躲闪宝玉的保证。"成人"读者知道,即使她听完并与宝玉私订终身也一样无法改变悲剧之定势,如果他们不肯改悔,他们之间越坚定,悲剧越不可避免。

因为宝黛的悲剧的含义实际上并不是一个简单的不能成为眷属的问题,实际生活中有"志同道合"不走仕途经济的夫妻(如《浮生六记》),但他们没有体现出人文知识分子无路可走的悲剧,他们想办法活得很好,在释道的文化场中颇觉安然,是在重复古老的生活方式和思绪。那类作品自有其意味。宝玉最后出家是在重复那个"永劫轮回"的套版故事,只因宝玉有新的意向,并非亮相就是老衲,所以他的走老路才是"无路可走"的悲剧。宝黛悲剧是因未成眷属而具有了通俗的煽情效果,而其悲剧内核却在于他们不但无法成为他们想是的,而且他们到底想成为什么自己也搞不清楚——因为他们只有价值感觉、终极关怀而无确实的目的(参看拙文《宝玉心态的哲理内涵》的无目的悲剧说、消耗性悲剧说),更无操作技能,在现实层面他们最终成为终无所用的聪明的废物。民国初期一个评论者提议让宝玉当大总统,因为他具有真平等、真自由的情怀。作为一种精神象征,宝玉可以而且应该成为合适的人选,但他显然最不具备总统岗位的职业技能。因为人文知识者最不具备政治能力,尽管他们最有政治欲求,尤其是平民人文知识分子,像宝黛这样的贵族则唯有零余者的难受而已——别人看着他们多余,他们看着别人难受。他们的"神位"在宗教——宗教对人类有什么功用,他们就有什么功用——他俩应该是有情教教主。

黛玉"情情",所以不放心;宝玉"情不情",所以"放"心——放到抽象价值王国去了。黛玉死于不放心;宝玉走于"放"心。黛玉是不能骄傲地活,就骄傲地去死——最符合尼采的悲剧理论。

沉湎于卑微幸福的人，都觉得黛玉太犯傻；有了禅心的惜春惋惜黛玉"瞧不破"。在固守个性、清洁精神方面黛玉更具有"新"人文气质，她的怨恨心态也有点市民气质（可与《围城》中的孙柔嘉比较），在"爱我所爱无怨无悔"这一点上则是个最为合格的人文知识者。她即使活下去也不会像惜春那样出家。她比宝玉更无路可走，这样说还不包括性别劣势。她在现实当中的失败以及与宝玉的那份爱的失败都因为她太"尊严精神"了。她像抗拒体制的必然力量一样抗拒违反体制的爱情这种自由力量，在必然中反必然、有点自由反自由，这个两难决定了她的"无路性"。这种无路性当与她的新旧道德水平一体同观。她那种孤苦、自虐、焦虑、怨恨的生存状态像维特根斯坦所说哲学的处境——一只怎么也飞不出玻璃瓶的苍蝇。因为她和哲学都太"人文"了——太透明，也太无路径。哲学问：人的本质是什么？ 社会学问：人是依据什么规则存在的？ 黛玉与宝钗的差别除了别的细节，根本在于黛玉的形而上（哲学）气质、宝钗的形而下（社会学）气质。而与袭人相比，则正是"高尚是高尚者的墓志铭，卑鄙是卑鄙者的通行证"罢。

枉凝眉

宝玉挨打是这部近乎无事的悲剧中的正格事件，也是这部以抑制高潮为基本叙述策略的大书中的一个高潮了。贾政打宝玉体现出"传统与现代"的矛盾，或所谓正统对叛逆的镇压，事件的含义一目了然。大有深意的是诸人对这件事的态度。王夫人认为是在拒绝她，但又不敢逆老爷的意志，男权社会使得丈夫、儿子在关键问题上都比她自己重要。第三十四回的重点是揭示袭人、宝钗、黛玉各不相同的"内心"。三个人都劝宝玉改了吧，但袭人和宝钗都是"有我"的，都是形而下的关怀，唯独最"有我"的黛玉在此刻偏偏"尚情无我"。袭人以宝玉为自己的事业和依靠（倘或打出个残疾，可叫人怎么样呢！），又与宝钗同样是正确路线的代表，她们的劝告就是被宝玉视为"混账话"的那些向体制靠拢的大道理。她还有小家子人的从实际出发的"实用理性"（她自称是"小见识"），正是这种符合大道理的小见识使她冒着自

称"死无葬身之地"的风险向"领导"献了保全二爷一生声名品行的平安策。她因此而获得了准姨娘的地位。所有"边缘人"挤入中心都得这样发挥才有可能成功，袭人的忠诚使她这样做，她的小见识使她能够这样做。相比之下，晴雯给体制外的人跑腿（送手帕）便得不到体制内的任何奖赏提拔。

宝钗是第三十四回的主角，唯她能带着药丸子来，她嘱咐袭人的话句句实用有效，她体现着日常性中的合理性，她没有高而不切的文学情调，她总能有操作性强的办法，用大字眼说就是具有工具理性，很少宝黛那种价值理性的追求。她的理性结构严谨地统摄着其感性冲动。本回她情急之际向宝玉泄露了真心情，这几乎是她唯一出格的刹那，但很快就恢复了素日那种"堂皇正大"的气象，她绝不会不像黛玉那么任情使性，她有与袭人同构的"大见识"，她除了误解体制永远有效、不可悖逆外，没有误解过任何事情，她像一篇能让方方面面的人接受的永远恰到好处的得体范文。她总是深思熟虑地规范自己的一言一行。她的"大事业情结"使她此刻依然能"理性"地批评宝兄弟素日不正。然后这边为哥哥做了辩解又回到那边去"劝哥哥"，绝对是个适合当总理的好材料。最后合府上下的人都赞成她做未来的当家人是理固宜然之事。这回她的一番行事使宝玉感应了她的情，袭人感激她的理，薛姨妈体验到了她的孝，唯她那位傻哥哥说了几句大实话，破坏了贵族的"游戏规则"，得罪了她。否则几乎没有"能够"得罪她的，她有这种不得罪人也不让人得罪的本事，从而在体制内显得德才兼备。她的合理主义最后偏偏被"疯狂的理性"吞噬，她最后受到了双重伤害：占中心位置的体制和由边缘到出世的丈夫都"坑"了她。

宝玉见宝钗说"亲切稠密，大有深意"，又"娇羞怯怯"，不觉心中大畅，超越了切肤之痛的心理过程，是他那不可定义的意淫的典型表现（后面他在贾母死时居然并不伤心，只是因想到黛玉若穿着孝服更好看而想起黛玉才大哭起来，则是意淫的另一种表现。外国人文知识者常常这样）。而这一点也不妨碍他支走"督察员"袭人立即派晴雯去给黛玉送手帕（这是全书唯一的显示定情的信物了），这才是其意淫的全相——能够同时动情地体验并发动方向不同的爱，而且均出自优雅的审美感情而无粗鄙的肉欲。见了宝钗替宝钗着想，见了黛玉替黛玉着想。为了享有宝钗的同情不惜横死、不惜一生事业付之东流——他的事业也就是"怡然自得"地享受真情的眼泪。林妹妹为他流得最多，便对林妹妹最为倾心。宝玉是个"不长进"的因求自在而"君子不器"的"情绪体"，是个体悟情感的天才（其"情种"的主要特征在于此），所以才能莫名其妙地送手帕过去，这种超凡的感觉，连黛玉悟了半天才悟出个中意味，而玲珑剔透的晴雯到最后也"不解何意"。宝玉的意淫使他以"护法裙钗"为己任，却被不少人误解为"肉麻"（如香菱），宝钗、湘云、袭人劝告他不要在"我们队里搅"，黛玉则只希望他跟自己一个搅，一旦宝黛终成眷属，黛玉便会成为这个意淫的头号敌人，恐怕还会是死敌，如果以前是"活敌"的话。而他的事业之本便是这个意淫，然而这个意淫不但使他没有一个知音也使他无法确立自己，所以无论在谁眼里他都显得细心而迷糊，奇而"不器"，终无所用。

"天上掉下来"的林妹妹想以反媚俗的姿态保持自己的诗性，却须以死为抵押，这种成本极高的人生姿态，概括了张爱玲所倾心的那"最后一个苍凉的手势"。怕死的中国人真心学黛玉的极少，从理论上赞叹者却多多——这也算人文性自身的虚伪罢。黛玉劝宝玉改了罢，只是由于一时恐惧才真诚而违心地这么说，绝没有宝钗那一套"何不在外头大事上做功夫"的理论计算，宝钗的姿态显然是"混账话"话话熏陶的结果，而黛玉没有接受那个意识形态的催眠，所以在众人眼里终是乖僻。她没想去改变宝玉的事业方向，从而适应了宝玉的主观需求，也因此而使他俩只能是心里明白而寸步难行，他俩的感情也终是一场心理体验，而不可能变成日常世界中的事实——所以他俩的感情终是美学话题，而不能成为社会学话题。这既是他们不过是文学青年的证据，也是文学、美学这类人文性的东西说到底也只具有情感体验的意义的证据。在现实社会要成功就必须行动，没有体制内的努力怎么会有在体制内的成功！当然他们若能够在体制内成功，就不再是这种性质的感情。因此"泪空垂"便是宿命般的安排了。

宝钗体现了现实对宝玉的客观要求。但因此而失去了敢于蔑视现实体制的贾宝玉——在续书中宝玉跟宝钗的磨叽是他的意淫的最后遗响。这又不妨碍他最后"撒手悬崖"——意淫就是这么不确定，就像自由人性的本质就是不定型一样。宝玉是反决定论的，而且反到了感性直觉的水平，不具有这种不确定性就人文得不够，就还得被"混账话"系统吸附了去。若无这种意淫的气质贾宝玉就变成了甄宝玉——续书写两宝玉最后相见，贾对甄的评价，坚持了原作的立意。半截意淫如甄宝玉者多多，像贾宝玉这样拿全部人生作代价的凤毛麟角——当和尚未必是人文知识分子的唯一出路，却是最后的"林中路"。未来社会中人文知识分子的最后栖息地，除了学院（主要是师院）就该是寺院了。宝玉不肯加入国贼禄蠹的队伍，不会加入俗人成堆的市场，他愿意在女儿队伍中厮混终生，但女儿们势必要由珍珠变成鱼眼睛，他要不变自己的性子，那除了死就得出家——总而言之要出世间——还有一条路就是当革命家改造这世间，像后来的人文知识者那样。但一卷入政治，人文知识者就须改变其文化本性，与国贼禄蠹构成可以转化的对位关系，还是背叛了超然的人文精神，而事实上这种超然只是无路可走就地成仙的精神胜利法而已。

本来意志的力度能决定自由的程度，但不能决定自由的方向。宝黛的自由意志只能使他们一个出家一个死，有的外国人不理解他们为什么不能"上床睡觉"（有篇以此为题的著名文章）。因有别的敢于"偷期密约"的才子佳人而证明体制上的原因并非必然有效，有效的原因在宝玉的意淫和黛玉的"尊严精神"，在于作者要写的不是爱情剧而是心性剧，写人文精神应该成为知识青年的安身立命的原则却无法在世间着陆安身，说到底它是部文化剧，是自由的文化精神无法在现实中存在的文化悲剧，这个悲剧在真信奉文化原则的人身上代代重演。总根源固然在制度，但这也是意淫无结果的结果之一——个体的体验结果无法像社会知识那样可以积累，可以转化为权力。

情殇

黛玉感情脆弱意志坚强，心重脚轻，趟不出一条路来。怨恨心态本来是可以转化为行动激情的，却被她的学养给束缚得裹足不前了。她何尝不知路在脚下的道理，但就是寸步难行。宝玉的意淫体现了人文知识者因"泛"而无法切入现实的秉性（可以"在"但不能改变存在），黛玉的尊严精神却因反省太重而体现了人文知识者过"窄"而终难有成的特性。

黛玉悟出宝玉送手帕的深意后"不觉神魂驰荡"，她应该"放心"了吧，她却偏又"弯弯绕"起来，从可喜、可悲、可笑，到头来落到"可惧""可愧"。三首赢得无数儿女珍珠泪的"题帕诗"反复申说了一种生存性情绪：有情无奈——还是怨恨，尽管柔和而感伤。黛玉的"情商"规定了她的情殇结果。智商高可以成为技术型人才，情商高可以成为人文型人才，但高而不切则命定了"伤逝"之"天爵"——到薄命司去工作。在人间抱着这种徒劳的感伤、挥发不去的幽怨，直接而可见的结果就是得病。病由此起，"犹拿着那帕子思索"，这种思想大于行动的人文知识者就是思索出个结果来也不会有实际的结果。就像最后烧手帕是其自我毁灭的象征一样，这拿着帕子思索的"定格"则是她徒然感伤的象征。

她显然没有思索怎样才能不会泪空垂的操作性的办法，不然的话她不会一见宝钗还打趣她。要是续书这样写一定说是没找对感觉。事实上这是最见黛玉脾性的好文章：怨恨稍解就带出胜利者的轻狂。她从不会中道而行，更缺乏"应无所住，而生其心"的禅心，只是一味自我中心，她说宝钗的眼泪治不了棒疮，本是自我暴露还想以此打趣对手。这种太"针对他者"的活法和偏狭事实上也使宝玉很难受。所以完全可以断言，素被话语炒作推到极致的宝黛爱情也是座"围城"。等到无他者可针对时，他俩会在婚姻的日常性中异化掉先前的人文激情。未入"城"是他们的悲剧式的幸运。现在宝玉爱她的大性儿（不说混账话）不得不接受她的小性是两害相权取其轻——我从中感到一种大悲剧的绝望：就是两个同构的孤独个体也很难融合同体，尽管可以无怨无悔。

宝玉是有刀无刃，黛玉是剑走偏锋。宝钗先意承旨地服从着"你应如何"的体系，黛玉不顾效果地坚持"我要如何"。性格就是命运——剑走偏锋的人只想在也只能在体制外追求自己的"心象"，因为太"有我"注定得不了体制内的"正果"。黛玉的情商也使她没得到叛逆的果实和超越的果位。

其情殇在读者心中得到了应得的"消费",人们不敢像她那样真去"享受痛苦",便来享受这份"痛苦的享受"。就像人同时有生本能、死本能一样,人也有乐本能、苦本能。黛玉的一生应了文学的定性——是苦闷的象征。她也当成为体现苦本能的典型。佛说的人生诸苦对她情有独钟,她偏偏不信佛,没个逃避的路。她不是死于生理上的肺病,而是死于精神上的肺病。她太高傲了,不愿承受自杀后的舆论,便采取了隐形自杀的告别方式。其"质本洁来还洁去",非但指其女儿身,更形容着其"宁肯绝望,绝不投降"(尼采的原则)的独立之意志、自由之精神。在这一点上,她是人文知识分子的崇高榜样。她的崇高和失败都由于她体现着反媚俗的情志。她也将因此快被人遗忘了,因为这既不合乎权力规则的要求又不合乎商业规则的要求。在除了官场就是市场的社会中,她都不能像海德格尔那样说:"思考也是门手艺。"她倒是会写爱情诗,但她若指着她那种情诗混饭吃,不待病死早饿死。首先是质量高得不符合市场要求——还不说语言限制,单是情感类型就自绝于日益工商化的人群;其次是产量低得不符合市场要求。她体现的人文精神将"历史的"永别矣。这当是其情殇的最后的"历史命运",一如货币经济从来就是抒情诗人的天敌一样。在工商社会,宝黛会成为反面教员:你看,情比钱还吃人。

在病饿当中坚持写作还相当"怡然"的曹子在《红楼梦》中曰:"逝者如斯夫",生活之流该怎样还怎样流。世人把玩"我这一段故事"时,省了谋虚逐妄的口舌是非、脚腿奔忙之苦(见第一回,定位于最低调的消磨时间)。他追忆逝水年华一点也没有非把谁摁到水里的意思,没有追逐笔尖杀人的快感,只是在自产自销地体悟那可承受的生活之重与不可承受的生命之轻,转来转去地编织心念与物象也只是在"意淫"而已。作为"翻过筋斗"的过来人,其怨而不怒的心态(《红楼梦》的这个总体风格来自作者的这种心态)一如宝玉出家后的"不喜不悲",已达禅悦之境。宝黛悲剧的含义因人人言殊也便像则禅宗公案了。文虽浅近其意甚深的《红楼梦》本似一部"生活禅"谈丛长编,读者若只以日常故事看则是一段寻常"说话",若说有什么那含义可以"日新日日新"地说不尽——我们凡夫的智商情商都不能够参透谜底——说悲剧即非悲剧是故为悲剧。反正来参这段公案的，都只是懂了自己能懂的那部分，如鼹鼠饮河不过满腹。"若见诸相非相，即见如来"吧，而《红楼梦》这条河该怎么流还怎么流。

龚自珍的美学目的论*

龚自珍的美学目的论,是我们对他一系列思想的总结。它由三条线索组成:哲学上对"我"的图腾崇拜般的强调;美学上对情的价值和作用的尊崇;政治历史学上对人才的重视——对戮杀人才从而盛产"百不才"的专制制度的批判、把人才作为实现改革的力量等等。三者都体现着一个主题:对人的价值的弘扬。有一个共同特征:以主体为本体、为目的。这是一种主体哲学的草创。

简括地说,他在本体论、认识论领域确立了"我"的本体地位,从而在伦理领域确立人性为"无善无不善"的本体。又通过"自尊其心"的修养而复归自己的本体,最后在自由的美感境界里完成、实现"完人"的目的。"童心"是这个目的论体系的起点和终点。

庄子的"为婴儿"(《人世间》),李贽的"最初一念之本心"的"童心",都是把童心作为一种道德本体。但庄子的"为婴儿"是弃圣绝智的混沌状态,是一种"虚已"的可悲的"收缩性自我"。龚自珍的童心的逻辑延续是狂、是"幽情丽想",是一种强调心力的战斗的扩张性的自我。庄子"为婴儿"的"达之入于无疵"的境界是他"入水不濡,入火不热"的"真人"(《大宗师》)的最高人格理想的一种状态。它包含着对制约人性的宗法社会、异化现实的否定和抗议。但这种超世精神与"安时而处顺"(《养生主》)的顺世主义两极相通,同为一体。李贽虽把重心提到"最初一念之本心"的地位,却没有措

---

* 本文原载于《哲学研究》1986 年第 2 期,收入本书时有改动。

置在宇宙本体上，没有哲学深度，不够彻底、坚实。而龚自珍不但从童心出发提出了胚胎状的资产阶级个性理论——"自尊其心"的个性论，而且通过自我创世说，将童心从道德本体引申到宇宙本体。

"天地，人所造，众人自造，非圣人所造。圣人也者，与众人对立，与众人为无尽。众人之宰，非道非极，自名曰我。我光造日月；我力造山川，我变造毛羽肖翘，我理造文字言语，我气造天地，我天地又造人，我分别造伦纪。"（《壬癸之际胎观第一》）颇有点费希特"自我设定非我"的意思。"我"先天地而生，变造天地，是"第一动力"，有如基督教的上帝。这是"语而不论"的纯想象之词。其实是一种近乎图腾崇拜的信仰。然而这种唯心主义的创世谬说，恰恰导源于追求个性解放的社会心理。在这"我"崇拜的背后，包含着对人的价值的朦胧发现，是对天经地义的"道""极"的反叛和冲击。马克思说："任何一种解放都是把人的世界和人的关系还给人自己。"[1]龚自珍把自我抬高到创世第一动力、宇宙本体的高度，虽然在哲学上是错误的，但确实是一种"把人的世界和人的关系还给人自己"的解放呼声。

龚自珍在《胎观第二》中继续发挥自我创世思想："既有世已，于是乎有世法。民我性不齐，是智愚、强弱、美丑之始。民我性能记，立强记之法，是书之始。……民我性能类，故以书书其所生。……是谱牒世系之始。……民我性不齐，夫以倮人食毛羽人，及男女不相部，名之为恶矣；其不然者，名为善矣，是名善恶之始。""我"的"性"是一种先验定在，确立了"性"的独立性，奠定了他美学目的论的理论基础。

沿着探讨主体价值的方向，他在认识论上提出人（尽管说是圣人，综观他的思想没有神化圣人的特点，在此无非是说少数人、天才而已）具有一种可"兼天事言"的"觉"的功能："知，就事而言也；觉，就心而言也。知，有形者也；觉，无形者也。知者，人事也；觉，兼天事言矣。知者，圣人可与凡民共之；觉，则先圣必俟后圣矣。"（《辩知觉》）知，是对具体事物的认识，具有直观性。觉，则能不分析不综合，不依靠材料而能获得普遍规律性

---

[1] 马克思恩格斯全集：第1卷[M].北京：人民出版社，1956：443.

的认识："孔子不恃杞而知夏，不恃宋而知殷，不乞灵文献而心通禹、汤。"（同上）实际上是一种创造性的理解，想象性的觉悟，是在极力论证人有一种"自由直观"的能力。这是唯心先验论，但猜着了认识过程中主体的作用。现代心理学表明，认识不是简单机械地刺激—反应，主体不是被动的。"认识既不是起因于一个有自我意识的主体，也不是起因于业已形成的（从主体的角度来看）、会把自己烙印在主体之上的客体；认识起因于主客观之间的相互作用，这种作用发生在主体和客体之间的中途，因而同时既包含着主体又包含着客体。"① 龚自珍并不理会个中意义，他只是在竭尽全力地为确立人的主体性的价值功能而努力。肯定人有"觉"的功能也是为证明自己"贩古时丹"的"以复古为解放"（梁启超语）的改革理想的可信性。因为三代之事，"文献不足征"，他也无从"知"，只能靠"觉"。他表示愿承"大道"，为探世变竭忠尽智，他曾说："探世变也，圣之至也。"（《乙丙之际著议第九》）是窃以"后圣"自居的。就抽象理论意义而言，肯定了人有"觉"这种功能，就指明人自身有实现自己的目的的精神向导。

自我创世、人自有"觉"，它们的价值并不在本体论、认识论的哲学建树上，而在于对人的价值、主体功能的强调，是一种启蒙思想。是在思考"我从哪里来，我向何处去？"不再相信天赋神授，不再相信"道"与"极"。而是我从我处来，我是主宰，我不必也不应该皈依别的什么东西。这样，我必然要向"我"处去。而且，我有"觉"，我一定能去。我是起点，我是目的。"如果一个事物同时是原因而又是它自己的结果，它就是作为一种自然目的的。"② "我从我处来，我向我处去"，是龚自珍的目的论的根本特征。

我向何处去？是目的论的核心问题，又是个正格的人性论问题。

基于肯定主体价值的意图，基于本体论、认识论的观点，他把人性确立为"无善无不善"的永恒不变的精神本体："善恶皆后起"，"攻劓彼为不善者耳，曾不能攻劓性；崇为善者耳，曾不能崇性；治人耳，曾不治人之性；有

---

① 皮亚杰.发生认识论原理[M].王宪钿，等译.北京：商务印书馆，1985：21.
② 康德.判断力批判[M].韦卓民，译.北京：商务印书馆，1964：18.

功于教耳，无功于性。"（《阐〈告子〉》）性是体，善恶皆是体之用。而"体常静，用常动"，"善非固有，恶非固有"（《胎观第七》），是性之用而非性本身。这就有了一个可以复归的不变的本性。这个"性"是独立的本体，没有任何外物能够决定它、改变它。他以割裂体用关系为代价，强调体的绝对独立。这与他对人生目的的追寻、对独立不迁的人格的追求，产生于同一心理结构。又相互作用完成其建构过程。这种确立"自我"本体地位的哲学探索，正是为了肯定自己精神个性的合理性，是在为确立自己的价值观念建构哲学的地基。

所以，在如何复归本性上，不是以"道心"胜"人心"，而是"自尊其心"。"心尊，则其言尊矣。官尊言尊，则其人亦尊矣。"（《尊史》）

应该特别提出的是，抱有极大的经世致用热情的龚自珍，并不以"人尊"为终点。而以为"人尊"的归宿乃在于发挥更大的社会作用："尊之之所归宿如何？曰：乃又有所大出入焉。何者大出入？曰：出乎史，入乎道。"（同上）这是一条通过"自尊其心"，而获得"心力"的道路，也就是成为龚自珍理想的人才的道路。不"自尊其心"，则心无力。"心无力者，谓之庸人。报大仇、医大病，解大难，谋大事，学大道，皆以心之力。"（《胎观第四》）有了这种"心力"，便有了胸肝、见识、是非，便是"内韬韬略，外示纡馀，蓄孟门、积石于方寸，可以谈笑生风雷"的"立奇功、勘大变之臣"（《鸿雪因缘图记序》）。鼓吹"心力"的作用，某些论者说"是弱者的幻想"，与呼唤现实的"风雷"相矛盾。① 其实，"心力"恰恰是他能够呼唤"风雷"的基础。并且"心力"成为康有为、谭嗣同思想中的重要概念，对维新变法运动起了巨大的积极作用。

他以人才为变革现实的社会力量："自古及今，法无不改，势无不积，事例无不变迁，风气无不移易，所恃者，人材必不绝于世而已。"（《上大学士书》）以人才状况为治、乱、衰三世的标准："书契以降，世有三等。三等之世，皆观其才。才之差，治世为一等，乱世为一等，衰世别为一等。"（《著议

---

① 肖萐父，李锦全. 中国哲学史：下卷[M]. 北京：人民出版社，1983：307.

第九》）然而三世说，不能使他明了社会变革前景的性质。同时，不明晰社会变革的真正前途才使他陷入三世说的历史循环中。正缘于此，《尊隐》高文以三世说作为象征性分期的理论框架，在展望了"山中之民"必将"大音声起"后，他无法铺陈未来社会的蓝图。不是他自己割断了与社会的联系，而是社会割断了他追寻的视线。那时，他盼望的"山中之民"还没有形成为一种可以取代京师的政治力量。它不是农民，龚自珍素来反对农民起义，农民起义也不能真正解决中国封建统治问题。龚不可能清楚这一点。他积厚蕴久地呼唤新生活的热情，在意象思维的护持下，使改革本身成为目的，谁来改革成了无足轻重的问题，突破了狭隘的阶级偏见与廷臣眼光。"山中之民"的内涵虽不明确，但与京师相对这一点他是非常清楚的，他是一直将"山中"与"京师"对比写下来的。然而他却热情礼赞他们，在情感中彻底吻合顺应了社会发展规律。人的社会作用在这里画了句号。个性解放的冲动的历史作用终于此。

然而，个性解放冲动在继续寻找个体的目的和归宿。"作为历史，总体高于个体，理性优于感性；但作为历史成果，总体、理性都必须积淀、保存在感性个体中。"① 重视个体价值是启蒙主义的一般规律。龚自珍不懂得这个道理，但贴近了这个规律。

改革人才是他理想人格之一。称赞王鼎童心不泯，"有血性"，希望他"整顿焕精采"，"力力持朝纲"。但，《鸿雪因缘图记序》中赞美的"谈笑生风雷"之士，是又"汪洋淡涵，冲乎夷易，使人不见驶疾惊骇之迹"的；他景仰麟庆"无亢厉之言，有回翔之态"，希望他"焕发士大夫之耳目，以振厉一世"。他理想的人才必须"出乎史，入乎道"，他"尊史"尊到了老聃那里（《尊史》）。在《平均篇》中把"统之以至淡之心"作为治理国家的一个原则。所有这些，都体现出一种新的儒道互补：把儒家的用世热情、政治哲学作为"手段"工具理论用于进取改革，把道家的人格——心灵哲学作为目的理论用于精神超越、人性复归。统一于挽颓波、挽颓心、改革现实的努力中，又在

---

① 李泽厚.批判哲学的批判：康德述评［M］.北京：生活·读书·新知三联书店，2007：429.

进取中有种超越精神,有种目标感,不但逼近自己的理想社会,也逼近于自己的理想人格。正是这种一贯的思想,使他在《尊隐》中从社会改革的想象跳到人格理想上,提出了"无待"的绝对自由的"纵之隐"的最高人格理想。它胜过"犹有待"的"横之隐"(治世人才)。我们面前勾勒的龚自珍的本体论、认识论、人性论中对人的价值、主体性的功能的过分强调,对"性"的独立的多方论证,都成了"纵之隐"可以"无待"的理论基础。"我向何处去"的问题得到了最后回答:复归到绝对独立自由、"无待"的"我"的本性中去,从而获得无条件的精神自由,臻达"其心朗朗乎无滓,可以逸尘埃而登青天"的童心境界,获得一个完整的自我。自由依然是目的,而且最绝对的自由是最终的目的。尽管因要求绝对而荒谬,但荒谬下面的个性、自由的感性冲动体现着历史的必然要求,并不荒谬。

如何达到"无待"的"纵之隐"境界?龚自珍并没有具体明确的回答。然而,依据他心理结构稳定的追求个性、自由、解放的指向,实现这个目的,完成这个目的论体系的中介,既不是历史,历史的发展前景已在他的视野中中断,也不是正统道德,"余生疾周礼",他正在反叛着桎梏人欲的以周礼为典则的封建道德,又没有也不可能有新的道德体系;那是什么?是美学。是在美感的自由境界中,美的创造中实现完整的自我。通过个性的自由解放,而不是个性的消泯(不同于庄周的"坐忘""心斋"的"吾丧我"),我回到我中去。这是我在他的目的论前面冠以"美学"二字的原因。

所谓在美感中、美的创造中实现自我复归的目的,就是在这个过程中超越了现实束缚达到"其面目也完。"它是通过情感宣泄达到的塑造新感情的"完",是通过情感升华达到的境界。

王元化研析了龚自珍有关情的论述后,说龚自珍的"'情'就是反封建束缚要求个性解放的'自我'"。这也是因为龚自珍一系列尊情言论,都是由于那个"自我"的发动。"宥情"是"尊心"的必然逻辑延续。情又是唯一在现实(历史)与目的联系的中断处可以将"自我"引渡到目的的彼岸的力量。

"情孰为尊?无住为尊,无寄为尊,无境而有境为尊,无指而有指为尊,无哀乐而有哀乐为尊。"(《长短言自序》)这是对审美情感的精湛把握。"无境""无指"是没有明确具体目的，无功利；"有境""有指"是又合乎目的。因其无目的、无功利而超越现实的有限性而自由；因其有功利、合目的而可以合规律。龚自珍认为，这种无目的而又合目的，超功利而又有功利的情感为"尊"。然而，又有"道"与"非道"的区别："凡声音之性（指情），引而上者为道，引而下者非道，引而之旦阳者为道，引而之于暮夜者非道；道则有出离之乐，非道则有沉沦陷溺之患。"这个"引"是在"情畅"过程中的"自我"超越，是从个人的沉重的"自我"中解放出来，扬弃自身的异化，从狭隘的一己之我中走到自由解放的美的境界，复归人的本性目的。"引而上"就能合目的合规律。这个"道"的实质内涵是与社会总体统一。"旦阳"意象，是阳刚剑气，进取精神的象征，与"沉沦陷溺"相反对。这个"旦阳"境界，不是他"疾之甚深"的衰世，而是他"伐鼓撞钟"、呼唤风雷的改革行动。他本人，于此境界"住也大矣""寄也将不出矣"！正因此，他宥情不是为退避逍遥，而是为了个性、自由、解放这一历史必然要求的实现。

缘此，他在表现情感、塑造情感的诗歌创作——美的创造中强调"诗与人为一，人外无诗，诗外无人，其面目也完"，就不仅仅是在强调真诚、人品与文品、一般意义上的创作个性。"心迹尽在是，所欲言者在是，所不欲言而卒不能不言在是，所不欲言而竟不言，于所不言求其言亦在是"（《书汤海秋诗集后》），是强调诗人在表现情感时要投入一个完全的我。在美的创造中全面地张开自己的个性，从而实现一个完整的自我。这倒与黑格尔的"艺术对人的目的是让他在外界寻回自我"的观念相一致。今道友信也说过类似的意思："艺术是把确立完整的人格这个科学无法完成的任务，作为目的的。"[1] 龚自珍这种把艺术创作与确立主体性联系起来的美学思想是正确而深刻的。这个"完"与"无待"的"纵之隐"是一致的，其思想实质与"纵之隐"的要求个性绝对自由的深层含意是相同的。"纵之隐"飘浮在抽象思辨的高空，个性全面伸展的完人则是充满血肉的现实要求。其实，"纵之隐"也不是绝对空洞的抽象，不是无知无欲的混沌体，不是"致虚极，守静笃"（《老子》第

---

[1] 今道友信.关于美[M].鲍显阳，王永丽，译.哈尔滨：黑龙江人民出版社，1983：131.

十六章）的清净、虚寂。相反，充满了"大忧""大患"的淑世悲怨。只是因其"无待"，绝对独立而到了头，到了目的论的终点。

我们前面突出龚自珍美学目的论的追求个性解放这个最本质的内在主线，因为它确实最根本，而且也最价值。

这个美学目的论不仅是他心理结构的理性图式，而且也与他感性情感的波动的轨迹实质相当。"岂不知归，为梦中儿"（《黄犊谣》）；他的超脱归隐中有复归童心的动机，又在追觅童心中激发了"狂言重起"的力量。童心是终点又是起点，而且童心的实质决定了他一生的追求，也决定了这个目的论体系的行程。

龚自珍的心理结构和美学目的论卓异之处在于：处在现实与理想断裂的状态，既追求个性解放，又自觉地要与社会总体相联系。不是狭隘片面地以自己的性灵为中心，又不窒息个性、归于载道，而是在复归本性目的时与社会发展的总体规律保持一致。

二辑·影视艺术

二幕・認知之木

现象之美[*]

现象之美是艺术幻象。它是种虚的实体（这一点也不意味着它是非真实的、非实在的）。它是诉诸知觉的再现与表现同体的信息符号。它既存在于电影艺术的具象（单幅画面）之中，也是电影艺术的总账，它的本质是对实在的发现与显现。

这样理解"现象"的哲学依据一是我们将不厌其烦地加以运用的幽晦深细的现象学，二是逻辑实证主义摩尔的常识派说法：教堂的尖塔作为物质事物是独立存在的，人们观看教堂的尖塔从而在意识中形成的"现象"同样也是独立存在的。就作为独立存在的教堂尖塔而言，它的体积、高度都是固定不变的，而就它的"现象"而言，则随人与教堂的尖塔之间的距离、角度不同而不同。同一物质事实从不同距离和不同观点呈现不同现象是我们每个人都很熟悉的：宇宙间确实有这样的东西，摩尔把这些东西叫作物质事物的现象。[①] 香港电影《英雄本色》中林冲决斗前的拳头比碗大，而演员梁家辉的手本身是纤弱的。人们都觉得月亮比任何看得见的星星都大，这是显现出来的"现象"。在普通人心中普遍存在几千年了，而且如果地球及其上面的人不毁灭，这种"现象"还会继续下去。而《一江春水向东流》中的月亮则比天上的那个更大更凄美。

拈出"现象之美"这一术语，主要是为了打开我们表现、制造"现象"

---

[*] 本文原载于《电影现象学》，人民出版社 2020 年版，收入本书时有改动。
[①] 怀特. 分析的时代：二十世纪的哲学家 [M]. 杜任之, 译. 北京：商务印书馆, 1981：28.

的思维空间，附带一个浅近的功利目的，是为了给学院派和影评及制作公司提供一个统一的基调，沟通所谓文化和商业之间的隔阂，也沟通学派异见的隔阂。一个基本诉求是：在现象之美面前，我们应该保持超然的审美的公正，用现象学的态度来看待所有已经出现的和即将出现的电影艺术所创造的现象之美。

电影艺术既不是对客体的简单"模仿"，也不是主体的单纯"表现"，它是对客体的解释，它是主体对意义的发现。当然，这里的解释不是靠概念而是靠直观，不是以逻辑的推论为媒介，而是以感觉形式为媒介。譬如说台湾的山水在侯孝贤的镜头里被现象化了、香港的街道被王家卫现象化了，他们的电影给了我们一个肉眼观看现实世界时并不能获得的意象世界、一个意义王国。这个意象世界和意义王国的片段和总和均可被称为现象之美——影像之美。也就是说，电影艺术创造的是现象之美，这就是所谓的电影艺术的本质——它能够生产、制造、提供现象之美。电影艺术的造型形式就是其现象之美的存在方式，在电影艺术中，现象之美的存在方式取决于电影艺术的造型方式。所谓电影艺术的方法就是其造型方式和能力的总和。

在电影艺术所生产的现象之美里面，我们不再面对物质事物直接的实在，而是直接面对纯粹的感性形式的世界。在这个意象世界里，我们所有的情感（其本质和特征）都经历了某种质变。现象之美解除了它们自身的物质重负，我们感受到的是影像的形式和动态的静谧——艺术美感。电影艺术使我们看到的是人性的多样化的运动，尤其是人的潜意识的运动。

现象之美可以存在于电脑游戏之类的影像上，但电影艺术所创造的现象之美是游戏达不到的。游戏给予我们的是无生命的形象，艺术给予我们的是新类型的真实与激发美感的纯形式的力量。电影艺术是一种构造和创造活动，电子游戏不过是对已有的画面、形象进行调换和重新组合。区别的标准在于有没有对实在的发现和深入的阐释，这是个内在化的标准，所谓内在化的标准是说它是美学的而非物理学的。

电影艺术创造出来的现象之美是一种显现人的内在生命的直观结构，是一种由形状与图案、旋律与节奏构成的活跃而有机的形式的王国，是直觉符号语言。假若一个人不懂得这些直觉符号,不能感觉到颜色、形状、空间形式、图案、和声和旋律的生命,那么他就同电影艺术无缘。当然,大众可以看故事。

人的内在生命中还有许多无法用语言表达的内心感受,但是电影艺术可以自觉不自觉地表现它们,所谓"自觉"是运用隐喻、象征、烘托意境等方法表达言外之意,所谓不自觉的是电影艺术制造视觉无意识的能力,能给我们带来意外的震颤。视觉无意识是本雅明在《机械复制时代的艺术作品》中提出的描述电影独特意义的一个概念,简略地说,电影摄影机通过对过程的延长和收缩、放大和缩小,便能展现我们平常视觉不易察觉的东西,这是其他门类的艺术达不到的。本雅明说电影摄影展开了空间,慢镜头动作展开了运动,这种展开是种放大,而放大不仅是单纯地对我们原本看不清的现象的说明,更是能够将素材的构造完满地超前显现。他认为,这个"异样的世界"源于人们在有意识地编织的空间中发现了无意识编织的空间——这个无意识编织的空间,正是我们应该努力探究的现象之美的核心内涵。

现象之美的现象是能够将康德意义上的现象和物自体变成一回事的"现象",换句话说,电影艺术所创造的现象之美能够在显现现象的同时将物自体变成现象一并显现出来。影像的直观品性,使影像具有了通过"实体之现象"显现"实体之意义"的能力。这也是它的与生俱来的现象学品格,当然,能否发挥出这种能力、达到这种水平,就看"作者"的了。从警示作者的角度,不妨这样说:

一、只有能够解释、揭示物自体的现象才有现象之美

物自体说白了就是"实体的意义"。电影艺术中的影像无论是强调"表现"的还是强调"模仿"的都能够将实体及其意义直观地呈现出来。逻辑地说,没有不存在意义的影像,只有意义够味不够味的影像。至于是从超验的角度(如偏重古典哲学)寻找这种意义,还是从经验的角度(偏重现代哲学如实用主义)寻找这种意义,则是不同流派的兴趣偏嗜,毋庸深辨。电影艺

术以艺术的自由和科技的能量在影像中显现这种意义,于是成了现象之美的重镇。能够完成这种显现的活动本身就是生产现象之美的活动。所以我们说现象之美是对实在的发现。

影像毫无疑问是物质的,同时,它也毫无疑问是意识的。说它是物质的,一方面它自身的材料是物质的——它显现的世界是物质的,是现实物质的影像显现;然而它又毕竟只是显影而非实体。电影上的纽约只是比地图上的纽约更直观具象而已,然而却并不是纽约本身。相对于实物而言,影像是以它的形状、颜色、位置等元素向我们"显现"那个实物,但影像的存在不同实物的存在,它以另一种形态存在,即作为"信息"而存在。这种信息的存在极大地依赖着人的意识。正是影像的双重性产生了皮洛所说的"电影的双重性"①——系列的双重性。

能够解释、揭示物自体的现象是只有靠直觉才能捕捉到的。任何决定论的宏大叙事,任何自负的理性主义都只能自以为找到了那"实体的含义",除了他们偶然命中,基本上会被后来的事实证明是一场虚假的发现,因为妄见难以见真。当然直觉也有理想程度的和实际程度的差别,我这里说的是理想程度的。于是,直觉章是本书的核心章节。现在略申其意:直觉在一般认识论中是直接感知,但是在电影艺术创作中就不仅仅是直接感知,它还具有"变形化意"的能力,它是可见的与不可见的之间的"变化器",使影像画面获得了不知来源于何处的深度(一时用概念说不清楚的意味),从而使视觉形象具有了意义。影像中的事物其实是"不是事物的事物",这不是事物的事物运载着"不如此就不可见的意义"。这不是事物的事物,就是我们一再申说的现象之美之"现象",这原本不可见而现在终于可见的意义就是那"现象之美"。

从现代哲学角度说,现象即本质,本质与现象二而一、一而二,也就是说,从所谓客体的角度,我们有了第二个标准。

---

① 皮洛.世俗神话:电影的野性思维[M].崔君衍,译.北京:中国电影出版社,2003.

二、现象之美是从千百同类现象中"打捞"出来的"典型"

画面的冲击感来自这种"打捞"的水平,来自"典型"是否搔着了多数人的"痒处"。这里说的"典型""痒处",其实是"生命形式"、情感形式,是一代人的"通感"。无论是从大的故事、原型,还是从一个镜头,只要是动人的都是情感形式的表现符号。

所谓"打捞"水平,就是个直觉能力问题。从理想的标准说,直觉是种情智交融的觉悟体验能力,这种体验能力使人能够置于对象内部,使对象自己显现自己,套用语言学的说法,直觉是种使对象"说话"、显示其意义的"言语"。有时候人只有通过直觉才能突然看出处于对象深层的整体意义,哪怕只是在一瞬间(所谓的灵感状态都是直觉状态,当然直觉未必都是灵感)。这个瞬间,就是使"存在"在现象世界中获得了澄明。现象之美是获得澄明的现象。

要用一句话说尽直觉的意义,就是它能使存在现象化,它能使现象获得澄明,它能使现象之美得以呈现,用古汉语的话说,就是:目击道存!

现象之美作为哲学是普适于一切艺术形态的,当然也包括电影艺术。

许多大哲高人都论述过:所有艺术的本质都是诗。这里引这句话只有一个意思,是想说我们可以通过理解诗来理解其他艺术的奥妙。譬如,以禅作诗,即落道理,不独非诗,亦无禅矣。因为以禅作诗是将一个玄虚的本体硬加到了"现象"之上,"道"和"情"始终是两概。这也是陶潜、王维的诗比寒山、拾得的诗更有禅意的原因。可见"情本体"恰恰是"无本体",需以现象为本体。同样的道理,影像负载什么、负载多少始终是电影艺术要讨论的问题。"四人帮"的电影如《反击》《盛大的节日》是负载了反动意旨而且超负荷负载的显例,而伊朗新现实主义作品《小鞋子》则显示了以现象为本体的形象大于思维的"现象之美"。伊朗导演阿巴斯的一句话说尽了捕捉现象之美、确立现象之美的含义和意义:揭开面纱看世界。不可否认的是,任何人都戴着自己的面纱,这在解释学叫"前见"或"前理解",但这前见、前理解是需要超越的，是需要利用括号将其"悬置"的。任何真正的发现都需要这揭开面纱的工作，尽管今天的揭开就是明天的盖上，但还是需要先揭开。直到承认现象之美成了习惯，成了观影的条件反射一样的前见、前理解。这一点也可以说是提出现象之美说的依据和意义之一。

三、现象之美存活于影像结构功能之中

电影艺术区别于文字媒介的艺术的一个核心表现是其还原为现象之美的能力。可以粗略地说：文字媒介的艺术是意义理解式的，电子媒介之电影艺术是直觉感知式的。它们之间的交叉姑且不讲，现在只强调区别。用麦克卢汉那句老话来说：媒介即信息。电子媒介之视听功能能够直接而明确地使用感情、表现感情，能够将不可见、不可说的视听化、氛围化、意象化，说一千道一万就是能够将"虚"的精神变成"实"的物质，就是能够将意识"现象化"，构成影像（音像）的"视域能"。将小说《巴黎圣母院》与电影《巴黎圣母院》一比较就眉目清楚了。

媒介问题的纵深是个思维的结构功能问题。影像思维的"过人之处"是它能够揭示无意识思维、能够将意识流影像化。

早在 1911 年，柏格森就在《创造进化论》中把思维过程与电影形式联系起来，引起了轰动。我们可以用内心电影比喻影像思维。以直接探索意识活动为目的的《去年在马里昂巴德》突破了理性外壳，它不是将梦变成了实体的影像问题，而是在如梦幻般的天地中，让人物自身探讨"记忆"的本性、求索重新激活深隐在记忆底层的"形象"，现实与想象交错，不同时间维度的交叉，将影片弄得迷离恍惚，以至于导演与编剧的观点相左：一个认为男女主人公是去年相见过的，一个认为他们没有相见过。这里没必要关心男女主人公的命运，只是想说这种探索精神是英勇的。用直接呈现的影像来探索意识的各种构成因素及其相互抑制、相互激励的作用，不仅是电影的实验更是哲学的探索，这将成为电影艺术的新方向之一。

将文字语言影像化，其实是电影的使命。是电影独立存在的真正依据。

陈凯歌在拍摄《孩子王》时有此明确的追求：阿城在小说中已经写得很好的就不用我拍了，我要拍他没有写出来的意思和意境。尤其是砍刀、山上的那条道，还有烧坝，的确超越了小说。这是因为特写了"砍刀"，再三重复了那条小路，最后那烧坝的寓言力量，因了视觉奇观而让人震颤。更有说服力的是三流小说易于改编成还不错的电影，如《闪闪的红星》等等，道理也在于此。

影像大于故事的部分，是电影艺术的堂奥之所在。极端的如《去年在马里昂巴德》，自然暂时还不能被大众消费。但像《广岛之恋》这样的就可以深入大众的意识，它有着娱乐电影的元素：男女邂逅一夜情，也有社会批判的力量——反战，更有着人性奥秘的探寻、记忆与忘却的意识机制的寻思。将哲学家说不清楚的问题变成"外貌感知"，将形而上的问题变成直觉感知。这也是心理影像化、内心影像物质化——现象化。现象化可以突破认识论的定式或僵化的一般理性的框架，这比形象大于思想多出了影像表现力所产生的多义性，也多出了影像的直观力量。

亚里士多德说过："心灵的思索离不开形象。"这些大道理后面的人性基础是人是感性地生活着的。感性，而不是理性，是人生存的实体。人类的进步是自然感性的逐步解放与完善。从卢梭的"善感性"到西马的"新感性"，都表达着自然感性的追求解放与完善的诉求。至于后现代呼吁非理性则有几分夸张的扛大旗的广告成分，它们说的非理性只是反对自启蒙主义以来的关于理性的语义而已。历史地说，当流行理性已经丧失了积极而建设性的组织规范生命力的作用的时候，那种理性才是非理性的，如中国古代歧视、禁锢妇女的礼教。反礼教以所谓反理性的方式建立了真正的理性。在这个意义上才有了崔莺莺现象之美，林黛玉现象之美。

感性中有"自然理性"一如视网膜有平衡功能一样。感性冲动突破理性结构是人性进步的总账。这个人生实况，决定了艺术对人性的发现走在哲学前面，电影艺术在对人性的表现方面（尤其是在传播方面）有可能走在文字媒体的艺术形态前面。就个别情况看是随机的，就总体情况看则是必然的。因为影像这种特殊物质的意识，有大于理性意识的负载能力。比如，有最后效果让编导演大失所望的，也有让编导演大喜过望的，亦有让编导演大吃一惊的。这是因为现象之美是不确定的，影像思维也是不确定的。正是这种不确定性，产生了电影艺术丰饶的多义之美。

自然，"故事"也是形象思维，也靠外貌感知，但与影像之外貌感知有所不同。文字的故事存活在读者的想象中，影像的故事存活在观众的直观中。但电影艺术暂时还没有彻底摆脱故事的可能性，只能寄托其上而超越它。看故事，是谁都能够做到的，看影像的丰饶的含义则需要合格的内行的眼睛。提到外貌感知也是为了囊括接受环节的问题。意识流故事应该成为"梦幻工厂"的重头产品，若能在这方面探索成功，许多"闪回"镜头就可以不那么故意而生硬了。一些"套层结构"的电影也可以不那么依靠剧中人的叙述了，如张艺谋新拍的《影》若完全让"英雄"的意识流动来展示"暴君不暴，刺客不刺"，也许可以因此而减少一些虚假。当然，意识流电影，无意识影像化的电影，还只是小众电影，什么时候它们变成大众电影了，全人类的思维水平就提高了。按照麦克卢汉的说法，是意识流小说作家将电影的功能用到了印刷的书页上，现在意识流小说的水平高于意识流电影，这对于后者来说是个生长空间。

四、现象之美所召唤的审美意识

关于什么是美的争吵已经和人类的历史一样长了。而且只要人类还有意识能力就还会争吵下去。大概也只有美的问题这么难缠。真，根据形象因；善，根据目的因；美，根据的是超越一切又包含一切的原因。由于科学技术、文化教育、商品体制等诸多原因，大众文化成了主街、主场。大众文化的本质其实就是仅仅能够体味、占有现象之美，因为大众文化少了古典（贵族）的幽深，少了宗教的超越。提出现象之美是不得不适应这种世纪新变的文化策略。若电影艺术是大众文化的"拱心桥"，而现象之美则成为大众文化这"拱心桥"之"拱心石"。对这个问题进行社会学的描述是需要江河作墨、大地为纸的。

提出现象之美已经将美的实体落到了"谷底"。从美在理念、美在关系，到这现象之美，并不是为了迁就电影艺术（尽管电影艺术是从这谷底升腾而起的），而是为了将美学落实到生存论上。电影艺术的根也在于生存论意义上的存在，而非认识论意义上的存在（详见拙文《心学与美学论纲》[①]）。这是后话，现在结合电影艺术谈现象之美中美的意识。

"审美"一词的古希腊含义是"完善的感性"。在这完善的感性中，事物仅仅作为事物自身呈现出来，审美经验不需要现象学还原，因为它本身就是现象学的，就是纯粹的感性。可以说审美直观与现象学所追求的本质直观之间没有本质的区别，而且都在追求海德格尔所说的由"敞开的转让"所形成的澄明之境。真正到达这种澄明之境，源初的知觉不再是实用的，实践也不再是功利的，它让我们感觉的就是这个世界，它向我们说话，但说的丝毫不是观念、抽象的图式，或添加于视觉之上的无视觉的景象，它使得世界以感性的形式在我们的最深处回荡，并使我们感觉到自身的自由——这时我们就处于现象之美的澄明之境了。这应该是电影艺术追求的极致境界。这当然是形而上的描述思辨。但也不宜对美学进行科学证明。美学与科学是人类意识的两极，尽管它们有相通之境，而用科学要求美学是近代人犯的主要错误之一。

现象之美所召唤的审美意识是这样一种"能力"——能够发现普遍存在的美。如果我们说美不是普遍存在的，只是个别存在的，这样就会陷入精致的虚无主义和粗糙的实证主义。那是一种量化的计算，是反美学的，至少与美学无关。美是一种状态性的存在，美的状态是存在物与存在物之间存在关系场的一个型[②]。

美的存在与对美的意识是两回事。如同星星本身存在是一回事，看到星星是另一回事。这是康德以降的经典看法。但是电影艺术将"星星"变成了银幕上的"星星"，已经是制作者"看"过一回的星星，银幕的星星不再是自在的星星，银幕上的星星既是美的存在又是对美的意识了。现象之美就是二

---

① 周月亮.心学与美学论纲[M]//蒲震元，杜寒风.美学前沿.北京：北京广播学院出版社，2002：247-269.
② 今道友信.美的相位与艺术[M].周浙平，王永丽，译.北京：中国文联出版公司，1988：5.

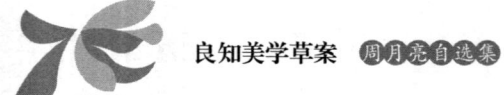

者变成了一回事。银幕上的星星不仅是星星本身，而且成了什么也不意味的"有意味的形式"。也就是说，电影艺术在将物质事物"还原"成物质事物的时候，那被还原的变成了"现象之美"。

电影艺术的生产和鉴赏都是对现象之美的生产和鉴赏，是意向性的投射与遇合。如同日常性的语言是消息的语言，诗的语言是构成性的语言，那些没有被电影艺术"现象化"的物质是日常性的，而被电影艺术现象化了的物质，就是构成性的、诗性的了。美存在于"现象化"，这个现象化相当于马克思说的人化自然的那个"人化"，只是比"人化"更具有普适性，从而更有深入的解释能力。比如说李白、苏东坡将月亮"现象化"了，赋予了我们对于月亮的美感。若说李白、苏东坡将月亮人化，就似乎在说将月亮拟人化而已。这就不是马克思的本意了。

电影产业化、商品化将尊贵的艺术变成可以复制的、日常消费的"直觉品"了。靠大众传媒展示的电影几乎必须加入一种追逐时髦的狂欢中才能生存和发展，因此我们有必要探讨下面的问题。

五、现象之美与"媒介即信息"[①]

这里无须为"媒介即信息"这一论点添油加醋，只是想在这一论点的基础上，提高对已有的杂交媒体之潜质的认识，提高对可能的新的杂交媒体的发现和开掘能力。电影本来就是杂交出来的，它还会杂交下去。麦克卢汉说得好："媒介作为我们感知的延伸，必然要形成新的比率。"[②]

杂交是媒介的本质，媒介的不可限量的能量，不仅在于其传播能力及其在传播中的再生能力，更在其杂交的变数及能量的释放。用麦克卢汉的话说，报纸枪毙了剧院，电视打击了影院和夜总会。但是萧伯纳将新闻媒介纳入戏剧，让戏剧舞台接过新闻媒介争论的问题和人的兴趣的大千世界，狄更斯也

---

① 麦克卢汉.理解媒介：论人的延伸［M］.何道宽，译.北京：商务印书馆，2000：33.
② 麦克卢汉.理解媒介：论人的延伸［M］.何道宽，译.北京：商务印书馆，2000：87.

为小说接过了这些东西。今天，则有了万众瞩目的融媒体。

麦克卢汉将电影称作"拷贝盘上的世界"。已经看了一百年电影的人当然知道这个世界很奇妙，它能够将过去的英雄变成现在的娱乐，能将任何形态的现实变成娱乐性的幻觉。或者倒过来说也是一样的：它能将任何娱乐性的幻觉变成现实的形态。

麦克卢汉"发现"：小说中的"意识流手法实际上是将电影的技术迁移到印刷书页上的手法"[1]。他这样说还是不像说拜伦的《恰尔德·哈罗尔德游记》像纪录片的分镜头剧本一样，是一种比喻性的理解，而是在做科学判断，如同他所说，最初给格里菲斯等电影先驱以灵感的，正是狄更斯等作家所运用的详细的写实主义手法，证据是"格里菲斯拍摄外景时，总是带着狄更斯的一部小说"[2]。他的论点是："由于媒介形式的生命杂交和相互作用，人的经验能得到出人意料的充实。"[3]

现象之美的理念能够迎接任何媒介的杂交——大家都是生产制造这现象之美，何必强分高低贵贱呢？随着电脑技术的发展，电影艺术还会出现新的"技术内爆"，还会出现尚未可知的新的艺术生产方式，我们就用现象之美这张价值底牌，来迎接这个家族的任何新成员吧，譬如短视频。拈出现象之美，理论也照样是灰色的。面对最能与时俱进的电影艺术，我们提出现象之美是对镜像生存方式的顺应，并希望在顺应的同时提升这种方式的质量。数字化生存的一个表现形式就是镜像生存。

现象之美在网络的虚拟现实中就不再是一种理论吁请，而是一个简单事实。

尽管我们在行文中不时说说后现代语境中的电影艺术，但我们还是坚信电影艺术的本质魅力在于它是"真理的发生""存在的敞开"。这发生、这敞开的直觉品就是现象之美。

---

[1] 麦克卢汉.理解媒介：论人的延伸[M].何道宽，译.北京：商务印书馆，2000：364.
[2] 麦克卢汉.理解媒介：论人的延伸[M].何道宽，译.北京：商务印书馆，2000：355.
[3] 麦克卢汉.理解媒介：论人的延伸[M].何道宽，译.北京：商务印书馆，2000：365.

电影艺术直觉论[*]

直觉是天赋的生命能力。艺术是直觉的符号化。直觉是等同确认的能力。

笼统地说，中国古代人更多的是与自然为一的，极易在对象世界中反观自己，直觉也多是借助与对象世界的交融才能被激发、被把握，才能获得其形式。这也是古代的审美方式以"和谐"为主导的原因。譬如古代中国的"神与物游""触景生情"。古代艺术的意境主要是生命直觉本身通过移情到一个物象上而被空间化，从而内在生命也被客体化了。而现代审美形式以西化的为主导，主要是在挣脱这种"看不见的模式"，人们渴望直觉以其自身的形式直接呈现出来，并创造属于它自身的形式，这不仅是现代艺术形态的主体特征也是各种现代哲学一再诉求的渴望，从尼采的酒神精神、柏格森的绵延到狄尔泰的诗性体验，都试图建立主体独立的、能够凌驾于空间形态之上的时间形式。用克罗齐的话说就是，因为直觉中出现的空间是心灵化的，也就必然带有心灵本身的特点，即时间性。这就产生了直觉之不可分割性和不可分析性。

电影艺术率先实现了这一点，并成为全世界的主导性艺术形态。用本雅明的话说就是这种机械的、可以复制的艺术改变了传统的艺术定义。更重要的是：电影艺术这种时空复合的艺术，再度将空间形态的直觉和时间形态的直觉合而为一了——麦克卢汉所说的电视化的现代社会将使人类再度部落化，除了别的因素，将人类的直觉统一于影像是其内在的机理。

所以，现在探讨直觉问题，是既有纯理论意义又有实际文化意义的。

---

[*] 本文原载于《电影现象学》，人民出版社 2020 年版，收入本书时有改动。

直觉的川流

正如康德、叔本华、今道友信一再强调的那样：美的意识从来就不以美作为对象，虽然它是有关某一事物的意识，但"那物"却不是美之意识的一个成因。美的意识恰恰和自我意识一样，是根源性的本能直观，是生命的良能。之所以说它具有根源性，那是因为这种直观生命力的直接呈现，不一定瞄准对象，也不一定需要特定的情感距离。我们之所以称它为本能的直观，那是因为它不但不是作为感受而产生的，反之，它是产生感受的。而且美之意识的直观，是产生于超越层次之人的意识中。

直觉的根在于存在。电影艺术的根基也是一个存在问题而不是认识和技术问题。不妨从一个日常现象谈起：人们为什么看电视、电影（乃至需要艺术）？正是为了要从被切割的现实中找回完整的自我。人的自我是不得不分为时间自我和空间自我的。时间自我是生命本然的、未被理智切割、未被投射到空间中从而保持着自身绵延的整一性和不可分割的内在的自我，而空间的自我是身份、社会理性分割的外在的自我。人是被迫分成两半的，而人有经济需求和艺术需求，是由这种两半性造成的。电影艺术以其社会化大生产的经济属性和大众化的姿态，成为人们最能消费得起的艺术品，而且电影艺术是时间空间一体化的，空间的自我也能获得信息化的满足。这种媒介的功能是电影在当今成为龙头老大的哲学依据。人的心灵或意识是一种变动不居的各种色调源源不断相互渗透的多样性体系。人的存在是种"直觉的川流"。影像的川流得以存在和发展的真正动力之源正是这种川流，包括所谓"一代人有一代人的感觉"也是在形容这一触目皆是的现象，所谓电影艺术的时代性、地域性差异的依据也在于此。

直觉理论应该成为电影现象学的"拱心石"

直觉显然是生命的天赋。飞禽走兽的直觉能力比人强，人的分析能力则高于其他动物。而分析起源于直觉，或者说分析是以直觉为基础的。直觉能够抵达形而上学，而分析则不能。分析只能是实证的工具，只适合去把握无生命的、机械的东西。对于活动画面连续直接呈现的电影艺术而言，直觉更具有无可争议的优先地位。电影艺术学的瓶颈在于对直觉的研究。

所以现在的当务之急是给予直觉在电影艺术学中一个核心的哲学地位。再刺激一点，直觉应该成为电影现象学的"拱心石"。

直觉是中国传统思维的核心方式，只是古人很少用这个词儿而已。西方的直觉问题则相当复杂，简单地说可分为理性直觉派和意志直觉以及艺术意志直觉派。都是说来话长的事情，但有一点，中西哲学可以在直觉问题上会通是无疑义的。

从某种意义上说，中国的直觉思维特征是注重意象的统一，注重超越世界和现实可感世界的统一。这与列维-布留尔和荣格所说的原始思维有一致性，是保持着互渗律的综合性和神秘性的——看，就是"看本身"；表象，就是"表象本身"。这种直觉是以现实之人的具体感性为中心的感性领悟方式，在简单的感知中包含着与生命与万物融通的觉悟。如果与西方的直觉相区别，则可以说是种"意象直觉"，是直接可以与电影艺术相互为用的思维能力。而且要想与道、本体沟通必须靠直觉。在哲学语境中，直觉就是对世界的超越性领悟。

具体可从下面几点来展开：

1. 所有的人文和科学的活动如美、真、用、善诸方面的努力和能力都是以直觉为基础的。良知即直觉。

2. 作为观照方式的直觉，首先是对生命本身的一种领悟，是一种独一无二的同情能力，是能把任何感情变成审美感情的同情能力。

3. 直觉是一种赋予情感以形式的能力。直觉就是心灵给物赋形（直觉致良知），或者说是把外在的东西纳入心灵的形式之中。直觉即表现。

4. 所有的直觉都可以是艺术的和审美的，从功能上说没有特别的艺术直觉这种东西。但直觉的品质是有等差的，正如人的直觉能力是有等差的一样。克罗齐说：美学只有一种，就是关于直觉的科学。他在《美学原理》一书中细致地区分了艺术直觉与一般感受型直觉的界限。

5. 直觉是浑然整体，既是形式又是内容。这里不存在主体与客体、感性与理性、自由与必然的分裂。

6. 直觉是理性的自明性。理性起源于直觉。再推开一点说，理念无直觉必空，直觉无理念必浅。

7. 直觉是洞察难以表述的生命之流的体验方式，既是洞察力也是预见力。这也是心灵最基本且必然的需求。

明白了一般直觉的属性，再探讨电影艺术的直觉就有了哲学基础和思维空间。也许再也没有别的艺术形态像电影这样全面而深切地依靠直觉了。它与绘画、雕塑比较多出了在时间中运动的因素，它与音乐比较多出了空间的因素。而且电影艺术的直觉是复合的，即信息必须实现符码转换，从一种感知形态过渡到另一种感知形态。电子生理实验证明，形式、色彩和深度的感知取决于特定的感知器。也就是说，直觉必须将这种机械效果加减进去。而且以后的课题会更多，几乎是生生不息的。我们只能从理论上充满信心、用开放的心态来面对，任何僵化的思维定式都是对直觉的背弃。

冯友兰早就说过，哲学，和其他各门知识一样，必须以经验为出发点。但是哲学，特别是形而上学，又与其他各门知识不同，不同之处在于：哲学的发展使它最终达到超越经验的"某物"。在这个"某物"中，存在着从逻辑上来说不可感只可思的东西。例如，方桌可感，而"方"不可感。这不是因为我们的感官发展不完全，而是因为"方"是"理"，从逻辑上说，"理"只可思而不可感。[1]

直觉在电影现象学中的地位也需要这样被理解。

因为直觉是接近且无符号地介入事物内部的、对存在的一种整体把握。要用直觉的态度来把握直觉才不伤害直觉的真谛。直觉是"我思"的主动环节——它包含响应思想的一些东西，能够唤醒物质中的记忆，将"形象"变成"生存的澄明"，变成实在的事物由于我那闪光的直觉而获得揭示的所在。

---

[1] 冯友兰. 中国哲学简史 [M]. 赵复三, 译. 北京：外语教学与研究出版社，2015：619.

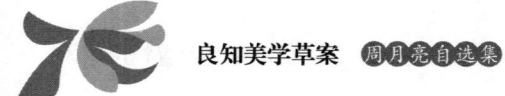

当然，强调直觉不是不要理性，而是为了预防异化的侵入。譬如，人们追求道德则反而陷入不道德；追求哲学效果却反而落入旧的哲学。这是人们早已反复痛苦过的。怎样走出怪圈？只有返回童心直觉。就像伊朗导演马基德·马基迪的《小鞋子》那样，这是现在能想起来的最好的范例了。直觉能够培养，培养的方式各不相同。马基德·马基迪很少看电影，看过的电影不看第二遍，以免受其影响。而有的导演如张艺谋却看大量的电影，从而"观千剑而后识器"。

影像可以把无意识的、意识的都变成表现性符号，这个"变成"主要依靠直觉。

直觉：从视觉暂留到心理投影

1824年，英国的彼得·马克·罗格特在伦敦公布了他的"视觉暂留"理论。所谓"视觉暂留"，即人的眼睛在观看运动的物象时，物象在消失后继续滞留于视网膜上约不到一秒的时间。人眼的这种视觉特征，使在人的视网膜上组合出运动的形象有了可能。这个暂留和组合的工作是直觉的。

电影摄影术中最高级的技巧是能赋予与透镜和物体之间的空间以生气，摄影机的运动能够做到使死一般的空间充满情感。摄影机可以随着或逆着拍摄对象的动作进退——逐秒地丰富发展画面，摄影机能够借助于本身的动态释放出一种使完善的电影达至极致的动力。摄影机不仅有目光可见的外向运动，还有隐蔽而可感觉的内向运动。指导摄影师这样做而不那样做的只有他在此时此刻的直觉。

动态的电影摄影非常准确地体现了人眼在搜寻事物时，场景中他最感兴趣的对象形式：只看这个人或动作而不顾及同时出现的其他元素。运动摄影的目的是双重的：它既寻求模仿观众视线的运动（假设他就处在那个被拍摄的场景中，犹如大多数"摇拍"镜头）；又要向观众传达他本人在同摄影机一起运动的错觉。一个行人常有这样的感觉——随着他走向一棵树，这棵树在变大，他同周围物体的关系也在改变。他本身的一部分传达给了这棵树。随着他的走近，他眼睛的焦距在变化，他抬头看树梢的仰度加大了。当越走越近，被调动起的不同部位的肌肉改变着他与所视物体的关系。摄影机运动拍摄的原理与此相当。摄影机只是像显微镜、望远镜一样扩大了人眼的容量。摄影机是一只对特殊目标有特殊功能的眼睛。它应当是观众眼睛的延长，它见到的就是假如置身在被拍摄现场的观众所能想见到的，这其实是摄影师在用自己的直觉揣摩观众的直觉。

但若摄影机不是观众的视点，而是叙述者的视点，它移动的自由和幅度就会大大增加。形式主义的电影都是在"耍"自己的直觉。摄影机像小说家的眼睛，参与着角色的动作，它像一个讲故事的人，无所不知、无处不在，就是为了讲它的那个故事而去看它想看和能看的。它具有选择性，它只看那些在各个画面中有助于时间的连续、人眼看不见的空间关系和因果关系的时刻。同时，它还有能力回避戏中人物所不适于讲述的生活内容。因此导演可以像作家一样形成自己的个人风格，摄影机将通过他的眼睛把这个故事同观众联系起来，摄影机选择那些在导演看来最有表达性的镜头。镜头与镜头的联结是在据他看来有特殊意义的段落间进行的。导演及摄影师的直觉在这时的主要任务是判断怎样最有意义、怎样能使表现能力最大化。

摄影机可以拓展我们的直觉。通过摄影机，不仅我们的观察更加敏锐，我们的认知也更加敏感，涉及范围更广泛。摄影机通过流畅的运动，创造和并置等价空间结构。它可以使人感觉到一个前景和后景不断换位和可塑的变幻空间，展示出物质的空间实在和象征的空间实在怎样互为依存。摄影机助长了人的无限欲望和好奇心，凭借它可以上天入地、远近驰骋和由表及里的灵活性，不仅可以收集人类活动的素材，而且能够从蓝本、片段和符号的总和中创造出一个影像世界。视觉暂留原理解决的是"投影"得以实现的物理基础，电影现象学则剥开技术的外壳，探讨更为根本的指导投影和"投影"所投的心理内容，以及人类怎样才能"投"出建设人性的"影"？

人类区别于自然界其他生物的标志之一是人类有记忆功能。记忆，就是人的第一重投影。记忆再经其他的组合投射成最早的原始人的"岩画"并一步步发展出绘画、幻灯、皮影直至电影。许多文化产品都是人类心理需求和心理能力的投影。

电影是投射到银幕上的形象，是制作人把自己心里的念头弄到了胶片或磁带上。电影里的明星化装出场，他们被拍摄的方式、表演的角色，他们所有的惊人举止，都出自作者或导演的理念或意念，他们都是投影。

反之，观众欣赏电影，也是从感知银幕形象入手，读解影像背后投注的心理意象。这个感知和读解的内驱力是他的直觉。他的直觉是本原性的。德国心理学家于果·明斯特伯格运用格式塔（完形）心理学研究电影的"现象领域"，对电影的审美心理生成进行了考察。他从观影机制入手分析了影像感知的作用，认为电影不存在于银幕，只存在于观众的头脑。在主体的感知过程中，存在着深度感和运动感，注意力、记忆和想象、情感等渐次由心理感知向审美感知过渡的几个阶段。这说明电影的特性是人类心灵的映像。在他看来，深度感和运动感是影像感知的最基本层次。感知主体（观众）明显意识到这是平面的银幕，却实际感知到深度。"这是一种独特的内心经验，它正是影戏感知的特点，我们获得现实及其全部真正的三维；然而它又保持了那一闪而过的既没有深度又不丰满的平面暗示。"① 胶片上逐格显现的静止图像在观众头脑中产生了运动的印象，是因为主体在头脑中创造性地组织感官材料的结果。不同的心理元素有着相对应的银幕投影，注意力对应着特写；记忆和想象对应着闪回、省略、闪前等。

胡塞尔也指出过，我们意识中的客体因我们而存在，其他的存在可有可无。研究客体如何显现给我们的这种哲学被称为现象学——显现学。影像就是显影。电影本身是形式功能，比如黄片与作家电影都运用的是电影功能，但含义相去天壤，就是作家电影中的床上镜头也与黄片不可同日而语。譬如《广岛之恋》中的性爱是负载着巨大反思的，《感官世界》中的性爱镜头是有着人性寓意的，而且两个版本《感官世界》中的人性寓意是不同的。这说明影像要成为"现象之美"必须有个"赋予它美的工序"——这个工序即制作者的直觉，正是这直觉的水准决定了大师和不入流者的差别。

---

① 李恒基，杨远婴. 外国电影理论文选［M］. 上海：上海文艺出版社，1995：7.

直觉与现象之美

胡塞尔说:"一切东西和每样东西(包含一切现实的东西在内的一切可能的东西)都是可以在一个意识中直观到的(即作为现实和可能而存在于原始直观中的),并且,一切东西和每样东西在原则上都是可以汇集在一起的、等值的。"[①] 这样说,在别的认识样式中也许还需要论证,但在电影艺术的认识表现中则是个显见的事实。而且这是在给电影艺术的直观一个哲学级别的权威说明。

艺术是马克思所说的把握世界的一种方式,这种方式简单地说就是从个别把握一般、普遍。即能够从一个个体、个别的红看到普遍的红。这个普遍的红在全等交叠的复杂直观中显现出来。这里一个随意的红那里一个随意的红,一个随意的、预先被给予的、在经验的红之对象或其他表象上的众多性,似乎为直观的红的本质提供了可能性。接着便进行那种精神上的交叠,在这种精神的交叠中那共同之处如"普遍的红""共有的形状"等就会把"自身"凸现出来。这种凸现出来的就是现象学之"现象",它能被凸现出来就是"美"。

所谓现象之美就是能够被描述、被表现,而且在这描述、表现的过程当中可以达到交叠吻合之贯通、能够从里面看出共相的"现象"。现象之美从主体角度来说有个"提取"的过程。这个过程的一个核心环节是"自由变更"。"提取"和"自由变更"的工作正是直觉的工作。而自由变更的目的是将现实的共相变成纯粹的共相。现实的共相还是现象,纯粹的共相就是现象之美了。

纯粹的共相是种意义,这种意义以"尺度"的方式影响着人们的"提取"。这个意义的尺度,可以简称为"意义域",因为这个"意义域"可以是前语言的、前理解的,且往往是"匿名"的。"意义域"是通向语言的导线,

---

[①] 胡塞尔. 经验与判断:逻辑谱系学研究 [M]. 邓晓芒, 张廷国, 译. 北京:生活·读书·新知三联书店, 1999:223.

尤其是通向对语言之反思的导线。无论是文字的语言还是影像的语言，都不是通向意义的导线，恰恰相反，通向语言的导线是意义——这种作为对象之规定性的意义、这种具有尺度功能的意义是第一层级的意义。所谓意义，简单地说就是该对象的规定性。这个规定性是默默的、在场的。

在对象性的观察方向上，语言还停留在背景之中。对象性的意义就是一个意义之意义，这是第二层级的意义。胡塞尔说：如果语言视域还保持在沉默不语中，那么正是这个视域作为意义之意义而获得了言说。语言不只是诠释的语言和传达的语言，更是"那个被作为意义之意义反映出来的视域"。所谓电影艺术之视听语言，其要义正在于是这样一种"被作为意义之意义反映出来的视域"①。

视听语言抽象到哲学级别来说是种反思的语言：是对象的图形化，是意义作为意义之意义重述自身。《英雄》一味地追求图片摄影效果便包含了这种悲壮的努力，只是因为没有弄出意义来，就白比画了。意义可能在沉默或无像中暗示出来——这是"元素章"要说的省略的功能。

这个世界就是一条永恒的赫拉克利特的现象河流，自我之极和对象之极是这河流的两岸，认识和对象的关系不像口袋之于东西。一方面，对象只是意向的产物，它在认识中构造自身，同时也构造着认识；另一方面，对象的被给予性有如此多的种类须予以区分和研究：真正的和非真正的、素朴的和综合的、一举构成的和逐步建立的、绝对有效的和逐渐成为有效的，等等。而直觉能力永远是人解决这些问题的自身具有的"生产力"。

通过本质直观建立意义

一个通过艺术宗教的崇拜去接近神的民族是一个伦理的民族，它知道它的国家和国家的行动都是它自己本身的意志和成就。——黑格尔这句名言（见

---

① 胡塞尔. 经验与判断：逻辑谱系学研究［M］. 邓晓芒，张廷国，译. 北京：生活·读书·新知三联书店，1999：462.

《精神现象学》"艺术宗教"一章）就是通过直觉得到的。

　　胡塞尔曾说：现象学研究，绝不是一件只须直观，只须张开眼睛就可办到的区区小事。就像普通的眼光拍不出好电影一样，本质直观是哲学家和"电影创作者"应有的第六感官。要想获得这种本质直观则需要训练。在新的世纪，电影创作者们到了告别自然思维，运用哲学思维的时候了。

　　所谓"本质直观"（Wesenschau）就是把经验性对象还原为现象（本质）的这样一种过程和能力。胡塞尔所说的现象与西方传统哲学中的现象有极大的差别，与电影直接相关的是：传统哲学的本质与现象是隐与显、内与外的关系，本质通过比较、概括、抽象才能得到；而现象学的"现象"具有本质性与意向性，通过"直观"即可得到，最关键的是——现象即本质——现象是观念性的实体、本质存在于对象的意义结构中心。这，其实正是电影的哲学基础！只是许多电影理论只在描述这一点，而没有旗帜鲜明地在此安营扎寨、深挖这口源头活水，仿若身在宝山却空手往返！

　　哲学家和电影作家都是人性的代言人，都是为了人性的丰富、发展、升华而工作的人，都是为了发现人生真谛、为人类寻找、建立精神原动力而上下求索的人（电影商又另当别论），用柏拉图的话说都是"灵魂的工匠"。如果说现象学是在直接救治人类的理性，那么电影是可以直接救治人类的感性。哲学有深浅、电影有高下，但作为"灵魂的工匠"都应该有益于人生。我们坚信爱森斯坦说的话，画面将我们引向感情，又从感情引向思想。

　　著名电影作者布努艾尔说："电影中潜能与成就间的不均衡现象比及其他任何传统艺术中都要严重。"这是我们探讨电影哲学的目的——开发潜能，以期获得这种文体的成就最大化。他认为电影能够改变人的潜意识，"对观众的刺激作用比所有其他的人类表达方式都要有效。电影也能更有效地使观众变得愚蠢。令人遗憾的是，目前摄制的大部分影片却以此为目的"。当时，他还没有见识到今日这种娱乐片、产业化的"使观众变得愚蠢"的全球化电影生产，说明电影这个行当从来就是取悦大众的，今天越发纳入各国的国民生产总值当中去了而已。他认为未能开发出潜能的原因还有："电影自我局限于模仿小说和戏剧，但区别在于：电影作为一种媒介，所拥有表达心理的方法没有小说和戏剧多。"他以电影重复19世纪就已讲烦的小说为耻，而今天能讲19世纪的小说成了追寻经典的浪漫之举。今天在讲的东西是比日常生活还俗气、还愚蠢而无知的，看电影几乎比做日常事还空虚。电影的功能几乎就剩下了"催眠"：演员用形体和快速变化的场景吸引住观众，使他接受了电影中的庸俗说法，而忽略了其陈旧程度。他说："任何作品的基本要素是神秘。而总体上说，电影是缺少这种要素的。"①

怎样才能使电影具有意义？首先要提高制作人的直觉质量。诗意的直觉可以同时实现艺术与哲学的使命，它能使电影的世界用不断生成的美编织起来，以解释的无限开放性和柔韧性使人性的姿态从各种意识形态的重压下解放出来，从而具有"意义"。

"意义"，是胡塞尔意向分析中的中心概念。胡塞尔本人曾经阐述过这个概念的双重含义：1. 对象就是意义。2. 意义也可以指这样一个单纯的意向对象，人们能够从那些可能变化的存在样式中强调出这个单纯的意向对象。可见，在胡塞尔那里意义概念与含义概念大体上是同义词，尽管含义概念更适用于逻辑分析，意义概念更适用于意识行为分析；与含义相关的是"表述"，而与意义相关的则是"行为"。最简单地说："意义"这个概念所标识的是意识行为的"意向相关项的核心"，它是一种"在某些行为中对我们展示出来的客观统一"。胡塞尔认为，所有实在都是通过意义给予而存在。

电影的工作方式也毫无疑问是种"意义给予"。"意义给予"是对意识的"立义""统摄"功能或对意识的"意向活动"进行说明的概念。一堆感觉材料在被统摄的过程中被赋予一个意义，从而作为一个意识对象而产生出来，面对意识成立。胡塞尔的现象学认为，提出审美过程是直观的，这直观确定着意义和区分着意义。审美体验含有一种意向，意向即是对审美对象意义的确定，对象在意向体验中被揭示出来。

胡塞尔认为生活世界是由根本性的意向性构成的。意向所指的符号包含着丰富的美的信息，直观需要动用经验的储备和理性的判断。艺术旨在描述

---

① 张红军. 布努艾尔[M]. 北京：中国广播电视出版社，1992：412–413.

现象，审美活动也只是显现人意识中的意象。为使意向所指的审美对象得到完全的显现、在精神的统摄中获得整体的印象，这就需要还原对象，还原是超越。超越必须摆脱偶然因素对心态的影响。同时，一切精神产品被设立或构成审美对象时，必须摒弃任何预先的假设，以便以纯粹直观的目光面对客体。这样才能"回到事物本身"，从而发现本质只是经验的意义和结构。

直觉的智慧

真正的电影现象学必须超越任何功利主义的电影观念。功利世界观的核心是对待世界的实用主义态度：只要是无用的，就是无价值的，而其所谓"用处"，则只是人的物质利益和外在可见的物质效果。这种观念的实质是将人从世界中分离出来，然后让人运用其理智能力来达到对世界的占有和利用。那些展示高科技能耐而缺乏人文内涵的电影正是这类电影观的例证。这种物质至上主义终将沦为泡沫化的制作而归于消歇。而电影现象学持一种诗意地把握世界、直观地把握世界的态度，它要求电影人从功利、自私的目标中超拔出来，进入一个想象中的现象世界，在主客相融、主客同一的基础上展示人性多元、多层的可能性，让人在直观感悟中去领会、去把握宇宙的奥秘与真谛，展示出电影这种文本的诗性本质。

外物无情，物我两隔，何以一心相通？然而在诗性的电影现象学看来，赋予不具有情感之物以浓厚的感情特征正是人的本质力量的对象化，这也应该是电影打量世界的基本眼光，电影之眼恰如悲悯人间的上帝的目光。人心物情的和谐才是人的生存之道，也是宇宙的正道，从而也应该成为电影的制作之道。电影这种宇宙中的小玩意，应该"模仿"宇宙本身的游戏规则、遵守人性之道，坚信人心与天地之心本质相通，一山一河、一花一草、一木一石，均有其内在的生命、心灵和情感，电影应该以天人感应、物我相通、物我相融作为其最高境界。

电影应该成为一个人类为自己构筑的诗化世界、温情世界、辅助人类自我更新的人文系统。电影既是人征服自然的结果，也将是人与自然和解的使者。电影现象学亦正是这样一种诗性地把握世界和生命的世界观：它希望电影镜头能够如其本然地看待宇宙和生命，人的那点理智仅仅是这种把握的条件，而远远不是把握的全部。必须依赖诗意的直觉、开放的想象才能接近那无限的本真。爱因斯坦说："场是怎样被测量的，场就是什么。"未能拍出哲学的电影不是好电影，未能拍出神秘感的电影不是好电影。电影现象学希望这样的电影出现：以诗意的直观为生命揭示出一个广大完美的天人合一之境，让观众去领悟、去贴近、去创造，在人道主义解放人性的基础上，完善人性、发展人性、升华人性。这种哲思电影可为世界提供"提示物"。如韩国金基德的《冬去春来》和《撒玛利亚女孩》就提供了"提示物"。海德格尔认为，思想即沉思的生命。维特根斯坦在《哲学研究》中说："思想一定是一种无与伦比的东西。""有思想的说话和无思想的说话可以与有思想或无思想的演奏一段音乐相比。"电影又何尝不是如此呢？或者说恰恰如此吧。

思想的智慧能深化艺术直觉的"强度"、拓展艺术直觉的"宽度"。创造性艺术直觉思维见诸于文字在中国最早可以追溯到老子提出的"反者，道之动"。"反"者，即相反相成的逆向思维，是思维的双向展开，是高级的艺术直觉的智性方式，表现了对体验对象的整合的把握。"反"作"返"字，返本归真也，是对万物本性的追求。人的性灵本性，是艺术创造所依赖的艺术体验本体。荣格的"原始意象""集体无意识"，即是一种精神的"回返"，它"补偿了我们今天的片面和匮乏"[1]。

按照胡塞尔现象学的体验概念，艺术家主体意识的意向性结构决定了体验统一体是一种意向关系。中国文论中的"兴到神会""神与物游"等学说，正是以独特的意向性体验方式，以及体验本体呈现出多种意向指涉，形成艺术感悟的特征。

庄子说庖丁解牛"以神遇而不以目视，官知止而神欲行"的"神遇"，即是一种心物感应的直觉思维的典型状态，是主客体之间意义双向渗透所发生的深层心理反应。神来之时，喻象迭出。这种直觉思维近乎隐喻性的意象思

---

[1] 荣格.心理学与文学[M].冯川，苏克，译.南京：译林出版社，2011：86.

维,以此展开艺术的感悟和想象活动。慧能禅宗"不立文字"的直觉智慧,避免了语言文字容易造成的限制和束缚,是对庄子的"言不尽意"和"得意忘言"的进一步发展。海德格尔的"诗意语言"与之有异曲同工之妙,这些学说都是以对真实本体的直觉把握为出发点,是一种至深至妙的艺术传达,是把握"实相无相"之直觉形象的绝妙方式。

电影的独特魅力在于其对现实进行纯粹感性的观察和记录,以获得肉眼所不能企及的现实的本来意义,因为它可以使不可见之物变为可见之物。这种"电影眼睛"的构成是由于电影可以使两个以上的相异元素并置而形成有效的撞击——这就是蒙太奇能组结出意味深长的"超像超类的意境"。电影眼睛=电影直觉(我通过摄影机看)+电影写作(我用摄影机在胶片上写)+电影组织(我剪辑)。众所周知,写作和剪辑同样是充满直觉的工作。

直觉在电影艺术创作中的工作及其意义

圈里人有句行话叫作"一打眼就知道",这个"一打眼"就是被说得玄乎乎的直觉。

"一打眼"面对的是可见的,"就知道"是从"一打眼"中领悟了眼前不可见的,这就是直觉在工作,也是直觉工作的意义。换个酸词说,即直觉使不可见部分地成为可见,而艺术也就这样使"存在"外在化了。这个"一打眼",从导演挑演员到观众看影像都是如此。这个平台是个什么平台?只能是现象之美的视域化,视域化中的现象之美罢了。

不要小瞧这个视域化的现象之美,它正是"此在"得以生成的基地。存在的意义需要"此在"来显现、澄明。存在就像一片遮天蔽日的阴暗森林,它需要一道裂缝,让光线照射进来,森林在光照中敞亮,林中人便也因此看清他周围的东西。这个裂缝就是"此在"。"此在"就是意识到自己存在的存在,人于何处对自己的存在有所领悟有所体验,他就于何处"此在",即实际的存在。这是海德格尔《林中路》的大意。圈里人的口头语:找着感觉了、找不着感觉了,都是在指称他的此在状态。

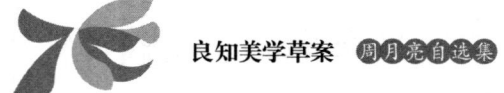

用宏大的腔调说：将沉默的大自然变成并非沉默的大自然，使无声的存在发出声响正是电影艺术也是所有艺术形式的基本性质和功能。

电影艺术中的直觉思维不仅是用眼睛来直观的思维，也是用手来直观的思维。罗丹闭着眼睛触摸克莱尔的雕塑，就是用手来思维。在电影艺术的创作过程中用手来直观思维的情况很多，表、导、摄、服、化、道等在说不清理由，但是非这样做不可的时候，就是"手"告诉他们非如此不可的。这种思维不在概念之中，而在光影、构图、线条、色彩、形态等的意义感觉之中——这是一种实践的理性，包含着个人化的意志欲求和来自经验以及情绪的选择。

直觉是重要的"哲学器官"。因为它是"生命的形式"，如同情感是一种集中强化了的生命一样。生命本身就有直觉能力，直觉工作在电影艺术创作中至少具有以下特性。

1. 运动性。电影"眼睛"的运动就是直觉的运动，镜头的推、拉、摇、移、甩、跟、角度的仰俯变化等等，无一不是"跟着直觉走、牵着梦的手"的运动。

2. 有机统一性。生命有机体的每一部分都以一种难以形容的复杂性、严密性、深奥性紧密地联系在一起。电影艺术中没有孤立的好坏镜头和音响，只有当它们配置在一起时才有了好与坏的差别。

3. 节奏性。节奏的本质是变化和交换。单独地说，舞蹈中的音乐节拍、诗歌中的韵律、戏剧中的情节展开的速度、绘画中线条的断续、色彩的层次等等，合起来说，任何一部电影都是由这些元素合成的，任何一个元素出了问题都会造成负面影响。譬如《英雄》中音响和色彩一味高强度地高开高打高抬高走，反而造成了听觉疲劳和视觉疲劳，一味追求强劲的节奏反而破坏了节奏，违背了生命的自然律动，这大约是张艺谋的理念强迫了他的直觉造成的失误。

4. 起始性与终端性。从一打眼到最后的画面完成都是直觉在工作。直觉与心跳一样都是有节奏的，节奏的本质是生命的律动。再说一遍，直觉绝非单纯的感知，而是与情感、想象交融在一起的多种心理功能的综合有机体。它是理性思维的起点，也是理性思维的反省。从起始性上来说，艺术直觉是人们针对每一个有表现力的形式的直接把握或顿悟。从终端性上来说，它是人们借助于艺术符号对艺术品中所包含的人类情感意味的直接把握和评价。

巫术思维与欲望中介*
——关于电影功能的抽绎

电影与以往的艺术样式相比的根本点，在于它是现代科技的产儿，而且高科技正在改组着电影的面貌，影像世界已成了"只要能想到就能做到"的动画游戏，但技术的进步并未推动艺术前进甚或更反衬出艺术的退化。"先进的技术水平与混乱了艺术思维的奇怪的组合"，这样发展下去前途堪忧。尤其是由于技术过于发达，电影几乎蒙上了陷入封闭系统的阴影。本文试图对电影的根本问题重新提问，并尝试着进行哲学化的回应。这种哲学化的回应固然不免概念化之弊，然而也只有在概念状态中才能探索多种虚拟的可能性，以勉强回应日新月异的电影实际。电影学也该有超越实用形态的抽象品质了。电影也应该回过头来正视电影思维的本质构成及其作为欲望中介的天然使命。

本文提出电影之巫术思维，既不将巫术思维来与电影思维进行类比，也不是用巫术来隐喻电影。只是想借重原始的巫术思维来"冲击"已程式化的电影思维。科林伍德早就提出了他的"巫术艺术观"（当然在他那里巫术的主要语义是宣传），而列维-斯特劳斯在《野性的思维》中详细地论述过巫术这种"野性思维"的潜能和它的逻辑，他称其为"具体性的科学"。他努力把"野性思维"拉到与"科学思维"平行并列的地位，这里借水生波、移花接木"拿来"他几个关键词以"鼓舞"电影思维。

一、电影之巫术思维是神话诗意性的知觉思维，是种"理智的修补术"，

---

* 本文原载于《当代电影》2002年第5期，收入本书时有改动。

其特征是通过把事件的碎屑拼合在一起来建立结构——借助事件创造结构，不断地把这些事件和经验加以排列和重新排列，力图为它们找到意义。庞蒂在《哲学赞词》中所说的哲学家的绝对知识乃是知觉可以辅证这一点。

二、影像（画面）的整体效果先于、大于部分的意指和效果，制造、维持这种错觉是为了满足智欲和引起快感，它突出了某些部分，隐蔽了其他部分，使影像的结构秩序和事件秩序是一体的同质的：揭示出共同的结构来显示出整体的特征。这是电影思维不同于其他艺术样式的地方。电影之巫术思维是以完全彻底的囊括一切的决定论为前提的，用一个结构"构造"了一个组合体（费里尼的《八部半》原先是只存在于他不明确的意欲中的）。在这个意义上说，影像具有内在的动力学性质，至少是组合游戏中的筹码，充当经验性的能指者。

三、电影之巫术思维没有排他性过渡，画面则是这种过渡得以进行的具有动力学性质的"算子"。这种思维在不连续的模拟展现中可以联系到任何层次的事物和问题，使实践成为活的思维，把直接呈现于感觉的东西加以系统化的变奏。

四、电影之巫术思维借助形象"记号"[①]（在形象和概念之间还存在着一个中介物，即记号。在这样的联系体中，形象与概念分别起着能指者和所指者的作用。）建立了各种与"世界"相像的心智系统，从而推进了对世界的理解。这种思维的"尊严"在于它能将具体与抽象、（主观）结构与（客观）事件、必然与偶然、内在与外在、游戏与仪式"一体化"起来。

详尽论述确立这"四项基本原则"俟之专文，下面且从"小处"管窥其大略。譬如说列维-斯特劳斯把这种"具体性的科学"的运演比作万花筒的变化，在万花筒中，散状的碎片之间会形成千变万化的结构图式，从不同的视角观察它们，这些图式实现着各种可能。它们的片段性和聚合后构成有一定语义秩序的特点酷似影片的"逻辑"——影片可以通过画面和运动的结合记录下不断变化的图景以及处于时间流程中的人、物的各种关系。影片是展

---

① 斯特劳斯.野性的思维[M].李幼蒸,译.北京：商务印书馆,1987:24.

示"事态性存在"的最佳表现手段,它可以让人直观包含了杂多的具体,并且只是向我们"展示"事态及其不断的变化。

电影的这种"展示"化的巫术思维是有巨大势能的,其势能在于它越是立足于感知方面,越可以掌握多重关系的感性现实。这种思维是一种"感性的语义学和美学秩序"。它那影像流可以揭示出表象下面深隐着的意识内容(哪怕它们是自由散漫的),因此能够成为潜入个体生命的有效手段,把"大我"的自主的智力结构引入"小我"的生活历程。感知是一种无意识推理,感性思维的力量在于它的具体性,直接感受力支配着感性思维的种种表现,它的综合能力是不可低估的,没有这种能力我们几乎无法破译眼皮底下的事物。与此相连,在感性表达的过程中,一切感觉的全部能力都凝聚在一起,使电影可以按照人的内心世界的活动机制来表现宇宙、生命世界的弥散性的状态,还因此更有感染力,使得我们的感觉不仅朝理念方向延伸,而且朝情感方向拓展,以获得经验性的认同。这种拓展通过心理回忆而获得审美的激情(如《埋伏》中罪犯看电影感动得泪水满面)。影像之特殊的魔力在于能将我们带出直接的现在,同时体验到过去、现在和可能的将来的"命运"。这是一种以具体存在为依据的展现,这种展现借助其特有的渗透着强烈情感的象征以及可以使两个以上的相异的元素并置所形成有效的撞击构成了万民共享的"超类超像的意境"。这些象征的影像是被制作出来的、从大千世界中一切可知可感乃至潜意识的"宝藏"中"巧取豪夺"出来的,它们是在无穷无尽和无止无休的景象、声音和运动中通过精心选择、意外的组合和新奇的配置创造出来的一个情感灌注的全新影像世界,而且据说后现代以来人们的日常生活已然影像化了。

电影这种神秘而理性的巫术思维求助于相似手段,把形象化和非形象化的表现方式、动作性的和情感性的表现方式结合在一起。电影思维并不排斥抽象化,只须隐匿得更深、抽象形式更难明言而已。《去年在马里昂巴德》则是抽象与形象高度统一的"经典"。就连爱森斯坦想把《资本论》拍成电影也并非不切实际,爱森斯坦具有运用电影手段表现思维辩证法的追求和实力(他曾主张影片可以成为杂文集,甚至论文集,可以提出问题,并且通过最通俗的题材做出哲理性的回答）。后他几十年的法国电影导演、电影理论家阿斯特吕克比爱森斯坦更进了一步，他甚至认为假若笛卡尔生活在当代，他会选择电影媒介为我们表现他那《方法谈》的思想。虽然这些还都不是严密的理论言说，但他们都是大师，不是外行人的胡说八道，而且电影要想走出平甜媚俗的娱乐陷阱，就得要从思想力度方面开拓新世界。在讲电影的感性特征的时候插入这种议论是为了证明：电影那巫术思维是具有极强的理性潜能的。

  在电影这种巫术思维中，信息的主要传递者是暗示，而暗示则是模仿和表现之间的一种特殊过渡。暗示是唤起回忆的捷径，因为它是共同感觉的遗迹。暗示的真正力量在于它是一场要求参加者默契的兴致勃勃的游戏，因为与客体的认同和对客体的体验不仅涉及信息的传递者，也涉及信息的接受者。暗示以其富于创造性的简洁方式令人回忆起某种共同经验。而且追述是把动作转化呈现为形式，通过种种细节和偶发事件表示意义。这也便是电影之巫术思维的"公开秘密"：隐喻的转换是在换喻中完成的。这是一片充满感情的沃土，失去它，把局部转为整体的智力活动就无法实现。

  因为这种"巫术"是有结构的。诚如列维－斯特劳斯所说："'结构化活动'有其自身固有的功效，而不管导致这种活动的那些原则和方法是什么。"①根据维特根斯坦的见解，结构是"使事物彼此联系的支配方式"，形式是"结构的手段"。任何影片自然都包括着这样的结构、形式。正如千变万化的万花筒游戏一样，一系列切换镜头本身就是在组建图式、结构和语义学的美学秩序。维特根斯坦还曾提醒世人："被显示的"世界绝不比"被言说"的世界贫困。因为感性经验的实效性和多样性比纯理性认知的范围要宽泛得多。电影巫术思维是万民共享的智力工具。"外貌感知"在西方古典哲学时代地位不高，在后现代知识背景中，它以影视、网络为中介而声威隆起。而中国古典哲学起脚就是"具体逻辑"（这是个大有前景的理论问题，此处不宜展开）。

  20世纪的人活出了新水平，而这新水平几乎没有不被拍成电影的。如果说巫术思维是电影的"式"的话，表达欲望则是电影的"能"，这个式与能的

---

① 斯特劳斯.野性的思维[M].李幼蒸,译.北京：商务印书馆,1987：17.

组合便是电影之"道"（借用金岳霖《论道》的术语及其语义）。简言之，电影所依附的物理条件是科技，科技是欲望的胜利；电影所表现的内容是人的欲望状态及其花样翻新的装置，比其他还需要二度符号化的文体更能直接满足人那需要不断被刺激的欲望本身，因为电影展现的就是人的身体语言本身，影像成了欲望的介体，任何人都可以看、让人看的人又能获得可观的利润，所以它以此得天独厚的宠儿的优势出尽风头，吸引了全人类的视线。

因为没有不被电影表现过的欲望，所以任何举例式的论证都与之不相称，我们只能抽象地运用现象学的结构眼光来做一番描述。天下的欲望及其投射方式，自从有了文化，尤其是有了可称为"虚伪之法典"的狭义文明之后，欲望中介的理念化形式是横亘在欲望主体与客体之间的欲望主体的内心图式——一种理性包装的欲望变体，最典型的是基督徒的生活是对耶稣基督的模仿。在人间的"故事"中，横亘在主体与客体之间、之上的介体，既关涉主体又关涉客体，这三者之间自然形成一个三角形，介体、客体、主体的具体内容因了故事的不同而随之不同，但三角形却始终如一。在主体与客体之间的介体反而成了支配主体的主角，因为所有的人都生活在"为了……"这个介词结构当中。为名、为利、为爱情、为革命、为上帝、为祖国……在表达这些人性、人生基本问题上，电影比其他文体更明显而立体、更抽象而具体，揭示欲望三角形关系更直接而刺激，介体的支配作用更"昭然若揭"，因为这个介体是活动的、主体的、肉身化的，所以这个介体一旦成了主宰，介体最易成为多数人的欲望表达式。好莱坞的明星制也是缘此道理而成为社会现实的。电影充当这种欲望的中介最佳载体，几乎是历史的选择，除了它的艺术表达能力还因为它具有空前的传播功能。而且伴随电影技术的进化和欲望的内化，电影也因此成了欲望中介的大牌明星。电影当红了半个多世纪，现在电视剧作为其模仿者包抄跟进几乎要取而代之。电影中各种人物的动机只有归结为一个多数人能有反应的介体，才能获得轰动效应。所有关于电影主题的锤炼、开掘都是在寻找一个正好能搔着当下痒处的话题——介体。

任何欲望成为介体都伴随着人类的虚荣（在正面人物上则是荣誉），有些人反对一般的虚荣却被特殊的虚荣模式扩大再生产起来。不管介体的欲望是现实的还是假设的，都使得客体在主体眼里身价倍增。介体的存在造成了胜过欲望本身的欲望本体，于是有了正派人对电影渲染性与暴力的指责，也有了"毛片"制造商借此牟取暴利。许多影迷对偶像明星的迷信其实是种嫉妒的羡慕。据研究，嫉妒是好他者之所好，是种模仿他者的欲望，并且这模仿的欲望还成了不可抑制的恶癖。羡慕则是与获得某物的努力相对立的无能感，嫉妒则将这种无能感想象为蓄谋的对立。现代竞争社会只会强化中介的作用，提高介体的声望，从而促成无法接近的客体越发"镜像化"，并在一个人与人的差别逐渐消失的世界里，如此，欲望中介正得其所哉。而影视业在人性恢复深度之前就会红火下去。新生的网络技术只会扩张人生的虚浮之令，从而为影视这口大锅添柴续水而已。不信，你就去看看网上"新新人类"的影评。

电影艺术说到底还是"苦闷的象征"。现代人尽管没有什么形而上的痛苦，但他们有愿望和压抑。所以"愿望与压抑"成为当代发达国家电影的基本"主题"、基本题材，探讨这一问题，也成了许多电影人开发或跟进的基本策略。面对人类那绵延的欲望，是刺激而不是解释成了发达国家尤其是美国好莱坞的制作理念。而在没有了别的意识形态动力之后，就把"现代人道"看作一种形而上学，一种隐蔽的、无力认识自身性质的形而上学，以此指导电影生产。

相当有才华的电影人也只能在欲望的洪流中来探索人类的灵魂。连费里尼也不得不转而来冲击大众，如他的影片《爱情神话》。影像是欲望的象征，弗洛伊德认为人的"原欲"不得满足而永在"焦虑"之中，自我注定了生存于焦虑的"深渊"，人类解放的出路在于"逃避深渊"——由于现实本身就是焦虑的渊薮，逃避之路只能在于通过"升华"来忘却性的目标，而转向他种较高尚的社会目标——这本可以成为"教化电影"的理论基础，让观众在获得补偿性的满足的同时转移了生命力的方向。在弗洛伊德的理论体系中，升华是人类逃避原欲深渊的"绝对中介"，从而原欲的升华是人类文明的本体、艺术的本体。电影这种现代文明的巨大载体应该从原欲升华这种根本"现象"中获得深入的解释。但弗洛伊德认为这种升华是迫不得已的，是消极的，是虚假的，因为它以牺牲原欲而迁就文明性道德（超我）为代价。它不是在释

放、解放人的本能,而是在压抑、扼杀它。在弗洛伊德看来升华意味着人对原欲的逃避或虚假的满足,意味着一种非人性的生成,升华的意义也就等于无意义。这是与孔夫子的理路正相反的,孔夫子认为本能的东西是动物性的,升华出来的教养(超我)才是在建设人性。弗洛伊德是西方式的悲观论者,孔夫子是东方乐观主义的优秀阐释者。在这一点马克思更容易与孔夫子说到一处去。

电影作为描写人类灵魂的一种方式,而且是最直观具体、肉身化的方式,是探讨人性的实验场。电影要描写的是由无数磨难不断改变的迷宫组成的人生。人就像涉足在记忆、梦境、感情的迷宫中,而日常生活也是一个不断纠缠着记忆、幻想、感情、过去与现在种种事件交叠的迷宫。在迷宫中亘古的乡愁和预感混合在一起,人和世界的关系是个迷宫:出口很多,入口只有一个。电影,在面对人生奥秘时应该表现出知性的谦卑。它的思想不宜以教义的方式出现,但它的想法应该引领我们走向一条更自觉、更开阔的人生之路,也让我们更坦然面对自我神秘、受挫等东西,从而能够使人在创造性幻觉的境界中寻找到自我,能够滋养人的心灵。电影应该在让我们幻想、做梦的过程中,步步移出灵魂幽暗的迷宫,去体会灵魂的存在。

以肉身的直观体现为形式的电影是表达白日梦的最好文本,几乎是可以与梦一体化的。新近的《美国美人》就直接将欲望与梦境连成了一体。当然也写出了这种"从形象中得到解救"的虚假与脆弱。欲望的最好的载体是"梦"。梦的最好表达中介是影像。在梦中我们可以无限地表达自己,许多电影都是在重构梦境,企图以梦本身谜一般的透明度来组合出电影画面。其实梦对于我们的心智而言,只是飘忽难解的异形。许多世界级的大导演,如费里尼就说:我们的工作就是消除梦境与想象之间的界限,去创造一切,让幻象成为具象,保持某种距离,将它视为未知,去好好探索它。

如果说梦想侧重"迎合"欲望,回忆则是侧重"整合"欲望。那巫术思维之暗示、回忆更多地体现了自我向超我的"泅渡",老式格言"记忆是保持人类情操的严师"也揭示着这一道理。回忆是一种综合能力。马克思主义文论家马尔库塞在《反革命和造反》一文中论述过:回忆作为一种认识能力,主要是综合；它把被歪曲了的人类和自然的碎片组合在一起。后来在《审美之维》中，他把回忆定义为对过去的爱欲的、自然的美的升华的召唤，对乌托邦的重新创造："真正的乌托邦植根于对过去的记取中。……追忆又激起了征服苦难和追求快乐的冲动。""也许，有朝一日艺术不再可能这样做，然而，假使甚至连艺术的这种追忆都被牵制，那么，'艺术的终结'就真的来到了，无论是取材于或者反对取材于奥斯维辛，真正的艺术都保留这种记忆，这种追忆是艺术经常由之生长的根基，艺术就生长于这种追忆。"[①] 历史题材的影片、忆语体的影片、个人传记性的影片都在建构着一种伦理的力量。苏联在极左的年代（20世纪40年代及50年代初）几乎什么片子都不能拍时，还可以拍摄《钢铁是怎样炼成的》（1942）、《她在保卫祖国》（1943）、《乡村女教师》（1950）等传记片。因为这些片子的伦理力量可以包容这些片子的创作者的良心、艺术追求以及与政治的同一性。

回忆出来的美学境界是一个感性的伦理王国——"新感性"。马尔库塞有时又称这种新感性为新道德、新意识、新感觉。电影《战争与和平》写安德烈在受伤以后一人孤零零地躺在旷野里，才看清了、看懂了平平常常的不晴朗的天空，还有天上慢慢飘游着的灰色的云朵，因为此时他进入一种回忆式的状态。回忆尤其是对早期经验的回忆是许多作家的创作动力。极而言之者则有柏拉图说的：所有的文化行为都是对"绝对理念"的回忆。人类对于人类早期经验的回忆，在西方有文艺复兴，在中国则有历代圣经圣传对上古三代的永恒回忆，最经典的表述则是马克思在《黑格尔法哲学批判·导言》中说的：希腊艺术作品之所以仍能给我们以审美享受，是因为它们使人们想起得到最美好发展的人类社会的童年时代，而这种童年时代连同它的纯朴自然的真实及其永久的魅力和天真，在人类历史上一去不复返了。当然，回忆在复现过去的美的同时也复现了丑，正由于这种二重性，艺术秉有否定和肯定的双重力量。几乎所有的文学艺术都在"追忆似水年华"。据利奥塔说，所谓重写现代性其实就是回忆，找出苦恼、困扰的"理由"和"原因"、寻找那在

---

① 马尔库塞. 审美之维[M]. 李小兵, 译. 北京：生活·读书·新知三联书店, 1989：357, 245.

现代性之初就已为我们准备好的命运。

这里以"回忆说"总结全文,意在吁请对传统的自觉,包括电影在内的文学艺术,无论是学习西方还是走民族化的道路,都是在借助"回忆"的资源以建设当代人的新感性。将电影变成建设新感性的重镇,应该成为后现代语境中的电影人的共识。电影表达欲望应该有禅宗说的"以欲止欲,如以楔出楔,将声止声"的自觉。

三辑·文化传播

公羊家法[*]

靠公羊学起家的康有为专门编了《春秋董氏学》来教学生，他认为"因董子以通《公羊》，因《公羊》以通《春秋》"，这是唯一正确的通道。因为"《春秋》体微难知"，不懂其体例，就像不通括号、借根、代数之例来算题一样，而"董子之于《春秋》例，亦如欧几里得之于几何也"（《春秋董氏学·春秋例第二》）。

用新名词说，公羊学是一种"研究纲领"，而且努力据"旧典"去推"新知"，硬是把一部历史年表状的史书解读成一门拨乱反正、治国平天下的宪法学。公羊学有个宗旨：不但要解释世界，更要改造世界。因为孔学也是外王之学，是应该直接见诸行事的政治学、制度论。按公羊学的说法，《春秋》之作，在义不在事，一"笔"一"削"之中寄托着"大义"。公羊学家们凭他们独特的"读法"，还真从那"断烂朝报"式的语句中挖掘出一片自成体系的微言大义。

公羊家法的大端有"三科九旨"之说。"科"是纲领，"旨"是其中的细目，一科领三旨。

第一科"通三统"，所领三旨："新周、故宋、以《春秋》当新王。"宋就是殷（宋人多殷人后裔，孔子即是），"新"与"亲"音近而混通，更多的时候写作"亲"，表示紧挨着，相当于"昨天"，"故"是"前天"，《春秋》则是"今天"应当建立的新王。古时每改朝换代，都必须"改正朔、易服色、殊徽

---

[*] 本文原载于《周月亮文集 2：孔学儒术》，中国科学技术出版社 2024 年版，收入本书时有改动。

号","改正朔"是重新指定新朝岁首所在的月份。每一朝崇尚的颜色不同，赤、白、黑三色轮换。新王重新选定颜色，变换名号，这一套便叫"统"。所谓的三统则是"前天、昨天、今天"三套制度，"通三统"承认运动、变化的历史。如汤受命而王，"时正白统，亲夏故虞"；"文王受命而王，应天变殷作周号，时正赤统，亲殷故夏"；"故《春秋》应天作新王之事（孔子受命于鲁），时正黑统，王鲁，尚黑，绌夏，亲周，故宋"（《春秋繁露·三代改制质文》）。孔子受命于天的证据就是《春秋》载哀公十四年春"西狩获麟"的那个"麟"，那是符瑞，可惜死了，所以孔子也只是"素王"，这个素王用写《春秋》立法典的形式为这个世界定制度、定新秩序。(《春秋繁露·符瑞》）董仲舒认为历史演进的特点是文质更替，"再而复"，他所在的汉代就该"亲《春秋》，求周文之弊、废秦之暴"来"更化"。"通三统"的观念为后代言变法、改革者提供了思想武器。

第二科"张三世"。所谓的三世是孔子所见、所闻、所传闻的三个世代，即把《春秋》所记的鲁国十二公倒着推上去：哀、定、昭公是所见世，襄、成、宣、文公是所闻世，再往上的便远了，是孔子所传闻的世代：僖、闵、庄、桓、隐公的时代。年更月换，越远越记不准，这本是正常、自然的事情，但公羊学从中总结出"三旨"，《春秋》隐公元年冬十二月书："公子益师卒。"《公羊传》便问："何以不日？"（为何不写具体日子呢？）"远也。所见异辞，所闻异辞，所传闻异辞。"《公羊传》总结的这个"三旨"还是朴素的，是可以理解的，三个世代"书法"不一样是正常的，尤其在详略上有些不同是自然的。但到了董仲舒把"异辞"解释为体现了伦理倾向的"判语"："所见六十一年，所闻八十五年，所传闻九十六年。于所见微其辞，于所闻痛其祸，于传闻杀其恩"（《春秋繁露·楚庄王》），稍晚些，何休则将这三世解释为三种水平的社会状况，再后来，康有为在《春秋董氏学·春秋例第二·三世》中说得更醒目：

三世为孔子非常大义，托之《春秋》以明之。所传闻世为据乱，所闻世托升平，所见世托太平。乱世者，文教未明也；升平者，渐有文教，小康也；太平者，大同之世，远近大小如一，文教全备也。

不过，这个"三世说"倒成了清代经世致用派的法宝，成了他们批评现实、规划改革方案的理论框架，这倒是歪打正着。

第三科是"异内外"，其三旨是："内其国而外诸夏，内诸夏而外夷狄。"它讲的是区别内外，虽然"大一统"，但也有一个由近及远的次第，近的就是内，远的就是外，但因为是"大一统"，所以这个内外只是相对的。汉代是民族融合时期，所以侧重相对化的理解。可赵宋一代人则专讲"尊王攘夷大一统"，严内外之别。到康有为主张向西方学习，所以又侧重相对一面的解释。

公羊家法本身是苛细的、穿凿的，它主张的道理却突出一个"变"字，但"变"基本上限于历史范围，于伦理范围则是于变中求不变。

儒脉：在道与势的夹缝中[*]

自"禹传启，家天下"以来，中国就成了世界最大的"老板制"单位，宰相以下皆是"打工仔"。随着社会变动，士由贵族降为"四民之首"，开始了"待价而沽"的生涯，形成了"学成文武艺，赁于帝王家"的购销关系。自孔夫子把本为殷遗民的柔顺取容的儒变为弘毅进取、以济世救民为己任的儒以来，出处就成了儒生的大节：出，须为"道行"；处，须为"道尊"。若出不能行道，便是"苟取"，若处不能尊道，便是"苟活"。若邦无道还当官领俸禄便是士之大耻。这是儒家的一项基本原则（即著名的"义利之辨"）。如见利忘义，舍道趋势，便背叛了儒士的基本品质。孔子已看透了执政者只能是既得利益者和"势"的代表者，也就会必然因此而成为见识庸凡、胸襟狭小的"斗筲之人"，不可能廓然大公、"仁以为己任"。真正能够弘道的社会力量只有不属于任何特定阶级的"忧道不忧贫""谋道不谋食"、仁以为己任的士了。

孔子周游列国就是为了"道行"，他坚持"事君以道"，道不同则不相与谋。他本有宰相之才，相鲁三月，"男女行者别于途，途不拾遗"。甚至齐人认为"孔子为政，必霸"。也不断地有政治寡头聘请他，但他因季恒子"受齐女乐，三日不听政"而离开鲁国，因卫灵公好色胜过好德而离开卫国。他再次返回卫国，国君也真想大用他，他也跃跃欲试地要从"正名"入手来一番治理整顿。可是掌实权的孔文子却跟他请教攻打太叔的谋略。他只有"辞不

---

* 本文原载于《历代大儒传》，山东人民出版社1995年版，收入本书时有改动。

知，退而命载而行"！终被人讥为"累累若丧家之犬"。有意思的是，孔子听后却"欣然笑曰：形状末也，而谓似丧家之狗，然哉，然哉！"有宰相之才而终甘当丧家狗，并且当得不怨天不尤人——"子之燕居，申申如也，夭夭如也"。

孔夫子在"道行"与"道尊"不能结合的矛盾中，采取了"施于有政"——用道统来驾驭政统的方略。这个道统的核心是"天下为公"，最高境界是"大同"理想，至少也应该是"礼义以为纪"的小康格局。这种主义怎样才能武装人从而变成改变世界的物化力量呢？最好的"施于有政"的办法，是当帝王师，教"老板"施行仁政，这有三代坐而论道的师傅制度为老榜样；其次，便是开门授徒为国家培养栋梁之材，用教书育人、著书立说的方式来弘道。自由办学是道统的教育基地，对于孔子来说差不多也是唯一的基地了。"学"在道与势之间委蛇而行，不灭不绝。代代有真儒，五百年必有大儒出。

乐道

儒家学派就是在办学中创立起来的。孔子本是殷遗民的传教士，传殷人之祖先教，像其他的儒一样以给人家办理丧祭事务而谋生，所以是礼乐专家。最古的儒，有特别的高冠、缝衣、博带、播笏，表现出一种文弱愚缓的神气。他们希望在一个礼让的环境中过悠然自得的生活。孔子身上还保留着这个传统，但他不得不适应礼崩乐坏的新局面，他能缔造出一个"祖述尧舜，宪章文武"的孔学来，就起脚于他是中国第一个大规模私人办学的人民教师，他坚持"有教无类"，开展平民教育。与贵族们的官学不但阶级属性不同，而且思想倾向也大不相同。他说"君子不器"，"吾不试，故艺"，表扬从学三年，不问"谷"（找工作、要工资）的学生。尽管学生的出路可能还是"赁于帝王家"，但孔子并不以给官方输送驯服工具为办学宗旨。他推行的是博雅教育，开"德行、政事、言语、文学"四门专业以培养通人，尊德性、道问学合而为一，领着学生周游列国，到处碰壁，颠沛流离自然苦不可言。然而他们师生却能营构出一个超越现实的文化场，他们在漫谈对话中教学相长，颜

回说夫子"善诱",孔子几次自言不如回。在孔子眼中能当得起"仁"字的就一个颜回,因为样子闷闷的、有点愚的颜回能做到"三月不违仁",能守住中庸状态。我们生活在现代化节奏中的俗人是无法领会他们师徒那份"孔颜乐处"了。但我们知道孔夫子是个专门探究"智者乐""仁者不忧"法门的精神现象学专家,什么"君子求诸己""游于艺"等都是步入"乐感文化"殿堂的要道。正是靠着这种精神胜利法(是在绝对褒义上用这一词儿的),孔子才尽管屡经颠蹶,饱尝挫败而并未悲愤交加、英年早逝或精神幻灭、自绝于世。

他是个有经纶有斟酌的人,在摆布自己与世界的关系时仁智并用,"极高明而道中庸"。不信请看《论语·侍坐章》,潇洒派曾点运用意愿表达法,用一种生活场面体现出一种精神境界,生命风格:

> 暮春者,春服既成,冠者五六人,童子六七人,浴乎沂,风乎舞雩,咏而归。

曾点也许只是口头三昧,夫子却喟然叹曰:"吾与点也!"毫无浮泛光景,于中见出夫子之"性地风光"。这个富于包孕的片段隐喻了多层意蕴。从社会内容角度看过去,像是尧舜治世,天下归仁,邦家无怨,大同乐园。从哲学层面看过去,则是一种"基于礼的超越意识"(今道友信语),是一种天人合德的逍遥气象。作为一种人生态度,则是一种"引而不发","无可无不可"的状态,显示着"士穷不失义,达不离道"两种可能性,是独善与兼济和谐统一的情态。若无这份淡泊宁静的情态,难免降志辱身,枉道求容,那就成了曲学阿世之儒,而非至圣先师了。但他又绝非隐怪一类,不走高蹈一途,他明确地说:我既不降志辱身,也不隐居放言,我"无可无不可"。孔夫子走着一条中庸求正之路,"遥而不逍"(王夫之说,这是游于大者;游于小者,则是逍而不遥)。从容中道,不做道家那种绝对无待的极端要求,而是将有待的状态相对无待化。

精神对实有世界的超越性是人性的一个特征,也是人文学说的一个潜在的支点。"超越"也是快乐的根本保障,不超越就难做到"人不知而不愠",

而没有精神生活也很难做到"贫而乐",更难有"不义而富且贵,于我如浮云"的情志。同理,志于道而耻"恶衣恶食",便被孔子归入不足取的档次。他认为"士而怀居,不足以为士矣"。他想搬到九夷去住。有人说:那地方非常简陋,怎么好住?孔夫子的回答成了一条著名的格言:"君子居之,何陋之有?"只有这种人生态度,才能践履"志于道,据于德,依于仁,游于艺"这样一条浪漫理性的道路。而"游于艺"是修养功夫的极致,也被视为古典美学的巅峰境界。这里只想说,没有游于艺的情智满足,是很难在嚣嚣攘攘的尘寰中独立不移地坚持下来的。志道、据德、依仁、游艺,自孔子后成为中国文教传统的范式,看看康有为以这四句话为纲的"学规",就能感受到它巨大的生命力了。

有了这条"乐道",才能做到"君子之于天下也,无适也,无莫也,义之与比"。这样反而能以天下为己任,拥有曾子所说的"弘毅"精神。"游于艺"是一种超功利状态,超越了功利才能"务本","本立而道生"。

乐道与否,对于学人来说,关键的区分是为人之学,还是为己之学。尤其在势与道分离而矛盾时,走哪一条路是泾渭分明的。它几乎可以成为"君子儒"与"小人儒"的分界线。

乐道这种"向内转"的思想姿态,给了孔夫子及后来的夫子们不可言喻的精神慰藉。看看《宋元学案》《明儒学案》《国朝汉学师承记》等著作,就会感觉到中国的国学师傅们的"拾垃圾"精神是多么可歌可泣了。中国的大文化传统正是靠着这种精神不灭不绝地传承下来的,中国成为礼义之邦正是靠着要求远离邪恶之孔学的教化,这是孔夫子作为道统祖师的无量功德。

"儒分为八"

孔夫子死前其弟子已有开门授徒的,如澹台灭明(字子羽),"南游至江,从弟子三百人。设取予去就,名施乎诸侯。孔子闻之曰:'吾以言取人,失之宰予;以貌取人,失之子羽。'"因为子羽状貌甚恶,孔子以为才薄,后来此人修行甚为有方,竟成一方领袖。

孔夫子死后，据《韩非子》记载，"儒分为八"，"有子张之儒，有子思之儒，有颜氏之儒，有孟氏之儒，有漆雕氏之儒，有仲梁氏之儒，有孙氏之儒，有乐正氏之儒"。

他的话不可尽信。如荀子在《非十二子》中所批评的子游，所表彰的子弓，韩非均未提及，这至少证明，韩非子所列举的情况是比较偏后的了。还有大名鼎鼎的子夏，曾当了魏文侯的老师，教出了"田子方、段干木、吴起、禽滑釐之属"。荀子曾骂子夏氏之贱儒"正其衣冠，齐其颜色，嗛然而终日不言"。在《论语》中子游曾批评："子夏之门人小子"，只注重礼仪末节，不知学道的根本。凡此种种都表明子夏早已自成一派了。也有人说韩非子未列他，是把他当成法家，视为自己的宗师了。这也说明了另外的问题，即孔子死后"儒分为八"，还不包括变成法家或别的什么家的。比如活得无限风光的子贡，就大有纵横家的派头：

孔子卒。原宪（字子思）亡在草泽中。子贡相卫，而结驷连骑，排藜藿，入穷阎，过谢原宪。宪摄敝衣冠见子贡。子贡耻之，曰："夫子岂病乎？"原宪曰："吾闻之，无财者谓之贫，学道而不能行者谓之病。若，宪贫也，非病也。"子贡惭，不怿而去，终身耻其言之过也。

子思分明是在讥讽子贡"学道而不能行"。子思还奉行着老师的训诫："国有道，谷（出仕领薪水）；国无道，谷，耻也。"宁落草为民也不仕无道。韩非所说的"子思之儒"，不是原宪而是孔伋。王蘧常先生《诸子学派要诠·荀子非十二子篇》对孔伋的情况注释甚详："子思孔子之孙，伯鱼之子，名伋，子思字也貌无须眉，为鲁缪公师。"晁公武《郡斋读书志》说孟子受业于子思本人，《史记》中"受业于子思之门人的"人"字是衍文。不管怎么说子思之儒与孟氏之儒是一路，而且"思孟学派"成了儒门的显宗。仲良氏、乐正氏不知当时"显"到什么程度，居然未留下直接的蛛丝马迹。颜氏生前已有门人，但他早死，有遁世倾向，未必有著书立说的兴趣，没有典籍的学派不会传之久远，及身而绝也理固宜然罢。

《论语》中的子张（颛孙师）是个"问干禄""问士何如斯谓之达"的人，偏重于"兼济"一路，主张"尊贤而容众"。孔子说他"过"，而子夏"不及"。看来属于"狂者志于道"的那种狂派，就大路子而言，孟子不乏其风。漆雕氏则有狷者之圭角，"不色挠（色不屈于人），不目逃（目不避其敌），行曲则违于臧获，行直则怒于诸侯，世主以为廉而礼之"。这也能与孟子说到一块去，至少孟子会引他为同道。

唯有"孙氏之儒"别是一路。孙即孙卿，孙卿即荀卿也，古音孙、荀音近而致混。从重视礼法这种思想倾向看，他当与子夏一脉，但他只尊敬仲尼、子弓。《汉书·儒林传》说这个子弓是孔子的三传弟子：孔子传《易》于商瞿子木，子木传鲁桥庇子庸，子庸传江东馯臂子弓。应劭说子弓是子夏的门人。郭沫若说这个子弓提出了阴阳对应，他同时的子思提出了五行相生，这两种学说后来被邹衍合并、发展，变成了阴阳家。拐这么个大弯是为了点明：若这个承传脉络属实，不仅可以帮助我们了解荀子集大成的若干成因，还可以借以明了汉代的董仲舒也是从这条线上起步的。

荀氏之儒与孟氏之儒是秦统一之前的显学，前者以礼法为统，重'向外转'，重手段、过程；后者以仁义为归，重"向内转"，重目的、境界。但二人毕竟同宗，只不过是同门异户而已。

孟子号召："见大人则藐之"

如果《战国策》中的故事有一半是真的，哪怕有余英时所说的"通性上的真实"，便可理解孟夫子"如欲平治天下，当今之世，舍我其谁"的气概，不只是浩然正气，还是有现实基础的。只是"天未欲平治天下"罢了。从未能实现政治理想这一点说，孟子是失败了；若就一生际遇而言，孟子是潇洒而富足的，扬眉吐气的。他那自由奔放的程度古往今来罕有其匹。这是一个一辈子不想称臣也很少称过臣的人。

孟子自言：向诸侯进言，就得轻视他（见大人则藐之），不要把他高高在上的地位放在眼里，他不过就是殿高菜好女人多而已。他那一套咱不肯干，咱干的都合古礼，怕他干什么？他还曾借用曾子的话来宣布这一信念："彼以其富，我以吾仁；彼以其爵，我以吾义，吾何慊乎哉？"

正因为孟子心存道义，不为干禄，所以他飞扬得很，一副正义在胸、雄兵在握的气概，以人间正道的布道者姿态出现在那些仅有世俗权力的人面前。他坚信仅就世俗效果而言，道也大于权，也支配着权："身不行道，不行于妻子；使人不以道，不能行于妻子。"连老婆孩子都使唤不动，更别说别人了——如果你不合于道的话。孟子自选的角色是做教王正道的老师、朋友，他最鄙夷张仪辈以"妾妇之道"事君，斥之为无耻之尤。他跟那些寡人们讲，你若以师待贤士可以"王"天下，若以友待贤士可以"霸"天下。就是君臣关系也有个相互对待的问题：

君之视臣如手足，则臣视君如腹心；君之视臣如犬马，则臣视君如国人；君之视臣如土芥，则臣视君如寇仇。

而且，"无罪而杀士，则大夫可以去；无罪而戮民，则士可以徙"。

孔夫子多讲文、行，孟夫子大讲出、处。出处之际，是对士子德行道义的真检验。孟夫子除了为民请命行仁政讲得多，就该数这个话题讲得多了。最有纲领性也最著名的是：

居天下之广居（仁），立天下之正位（礼），行天下之大道（义）；得志，与民由之；不得志，独行其道。富贵不能淫，贫贱不能移，威武不能屈，此之谓大丈夫。

孟子是个说到做到的真正大丈夫。齐宣王要在国都给孟子一幢房子，用万钟之粟来养活他的门徒，为的是让本国的官吏和人民有个可供学习的文化领袖。孟子拒绝了，因为齐宣王并不真正实行孟子所要主张的"道"。

孟子常说："君子之为道也，其志亦将以求食欤？""天下有道，以道殉身

（道因君子得志而得到施行）；天下无道，以身殉道（为道而死）；未闻以道殉乎人（迁就王侯）者也。"这位老先生真是个不肯拿原则做交易的志士！他对道这种宗教般的情怀绝非泛泛之徒所能拥有。公孙丑问他：假若让您做齐国的卿相，您动心吗？他说我从四十岁后就不再动心了。他要的是"天爵"（仁义忠信），不要"人爵"（公卿大夫）。他愤怒地指出："今之人修其天爵，以要人爵；既要人爵，而弃其天爵，则惑之甚者也，终亦必亡而已矣。"可惜，这种人却既不灭亡也不碰壁，他们活得轻松快乐。把"天爵"当敲门砖，得手后即弃之如敝屣，有了这套本事，在任何情况下都如鱼得水，他们当然要反过来讥讽孟夫子这种价值论的立场为"迂阔"了。

浩然正气传道统

在非孔、非孟的议论中，孔子易被指为乡愿，孟子易被说成狂诞（如宋人郑厚）。在晚清乡愿误国论声浪中，孟子强化良知良能的呼吁满足了"无道德不能革命"（章太炎语）的志士情绪，他们批礼教诋儒学，唯与孟子情有独钟。孟夫子之浩然正气、大丈夫、"天欲降大任于斯人"的气派及其发扬蹈厉的作风鼓舞过一代又一代的志士仁人。

什么是浩然之气呢？孟子也承认难言，因为这是一种体验，一种眼看不见手摸不着但又绝对存在的东西：

> 其为气也，至大至刚，以直养而无害，则塞于天地之间。其为气也，配义与道；无是，馁也。是集义所生者，非义袭而取之也。行有不慊于心，则馁矣。

所谓的"浩然"是"无亏欠时"，所谓的"配义与道"就是要用正义去养这股气，浩然之气是由不歇的正义积累而成的（集义所生），一旦亏心，则馁矣。有了这股气就有了"虽千万人吾往矣"（同章）的气魄，就有了威武不屈的大丈夫气概。

这股气至大至刚，但养气的过程却要先："不动心"——"志壹则动气，气壹则动志也"。志与气之间是个互动的循环过程：以气养志，持志率气。也有人说"养气"的主题就是"持志"。这与宁静方致远是一个道理，"不动心"正是使正气沛然不缺的前提。所谓的"不动心"就是蔑视任何"得之不以其道"的东西。孟子认为那些知行歧出、言行不顾、"以顺为正"、以穿窬行窃为得计的人，只不过是放失本心于物欲世界的行尸走肉而已。

孟子将无道恣睢的人概括为两类：自暴与自弃。

> 自暴者，不可与有言也；自弃者，不可与有为也。言非礼义，谓之自暴也；吾身不能居仁由义，谓之自弃也。

中国人的基本情形是有权、有势、有钱——有点什么的人"自暴"，自暴者暴于人；无权、无势、无钱的人——匮乏者"自弃"，自弃者弃于人。

孟子以正道自居，既憎恶暴政战争，也憎恶邪说横行。他认为邪说杀人不亚于暴政。有点奇怪的是他对秦法家（儒家的真正敌人）那些自暴暴人的邪说不甚理会，却视老子的弟子杨朱为大敌，认为杨朱讲"拔一毛而利天下不为也"是自弃于仁义，将导致"人将相食"的恶果，其理论实质是"率兽食人"。有趣的是在反对杨朱这一点，孟子居然与韩非高度一致。这不仅是因为杨朱乃当时的显学的缘故，更根本的原因在于英雄主义（孟）与极权主义（韩）同样视个人主义为天敌，并且正因此英雄主义与极权主义反而成为亲切的世兄弟。

孟子的气派比"极高明而道中庸"的圣人境界多出了偏胜之气，多出了阳刚雄健的风姿，他认为只有这样才能"正人心，息邪说，距诐行，放淫辞"，才能捍卫、传播尧舜、周公、孔子之道，《孟子》全书也以排列道统为尾声。在尊孟的后儒眼中，孟子的巨大贡献也在于传了道统。这个道统，不只是个儒学谱系问题，更是坚持了儒学真精神的问题，如是否坚持天下为公之大同政治原则，是否坚持道高于势、义高于利等等。汉儒扬雄说：因有孟子，今之学者尚知宗孔氏、崇仁义、贵王道、贱霸道。唐人韩愈说孟子因此而功不在禹下。宋理学家程子说孟子有功于圣门,仲尼只说一个志,孟子便说许多养气出来。只此二字,其功甚多。孟夫子得以配享孔庙,《孟子》得以刻石成经、列入科举教材均是王安石之功。王安石读懂了《孟子》的政治含义,他要把"大同梦"变成现实,他搞的那一套还真像一千年后的社会主义,但人们又都说王安石是法家!

正像孟子激怒了号称"朕即法家"的朱元璋一样,是令所有视天下为私家的寡头们头痛的。除了陆王心学一脉,后儒们也并不把他的话当真的。

荀子提议:君子当官

翻开《荀子》,满眼都是人君该如何如何,似乎不是业余君主在写回忆录,就是君主培训班的老师在写讲义。想想也是,飞扬的孟夫子更像君之诤友,而谦谦雅正的荀子才像正格的帝王师。他总强调尊师贵傅,也体现着他当帝王师的潜意识。但他并不以其道术去换取爵禄,他最蔑视"仰禄之士",他宁肯在稷下学宫当自由撰稿人,当教书先生,以弘扬他认定的"人类的理性"。

荀子并不像法家、黄老派那样承认君主的天然合理性,也不像他们那样围绕着如何坐稳君位的问题献计献策。首先,他提出了著名的"天人相分"说,腰斩了君权神授的神话。其次,他提出了著名的"载舟覆舟"说:

君者,舟也;庶人者,水也。水则载舟,水则覆舟。

他曾在历数暴君罪行之后指出:"臣或弑其君,下或杀其上,鬻其城,倍(背)其节,而不死其事者,无它故焉,人主自取之也。"最后,他的"富民论"就是在当时普遍重民的气氛中也有着夺目的光辉。儒家从来都是主张"下富而上富"的,孔子有著名的"庶、富、教"之论,孟子的仁政思想更是极而言之了。荀子的特色还在其"精于制度":他从生产是财政的基础讲起,生产发展,财政才能充足,若出现"田野荒而仓廪实,百姓虚而府库满"的情况，国将丧，君将危。他有个尖锐的提法：

> 王者富民，霸者富士，仅存之国富大夫，亡国富筐箧实府库。

这几句话不但总结了春秋战国的兴亡规律，也为尔后三千年兴衰更替的王朝结了总账。似乎每家王朝都经历了这四个阶段：开国时重民富民，前几个皇帝一般都雄才大略重视精英，而后便是让大夫贵族们富足安逸的守成时期，到了最后就该卖官鬻爵、横征暴敛、竭泽而渔了。慈禧将黄金埋入故宫方砖之下时，她不得不"西狩"长安了。

但是荀子不得不回应时代的挑战，主要是用法家那一套强大起来的秦国有一套文吏专业化、政务规范化的措施，使其军、政效率远远高于六国。荀子很受震动。这位寻王者气的大儒走到秦国便安居了。他知道再像孔孟那样只讲道学、不讲器学，不足以应世了。儒学必须拿出合理的同时也是可行的政治、文化方略，否则就没有发言权，就等于自动退出历史舞台。所以，他激烈地抨击了几类"贱儒"，他要走出儒学旧樊篱，以务实的态度、开放的胸怀来面对世界了。

《荀子》三十三篇，不仅是儒学的集大成，而且他之前诸派的思想如兵、法、道，甚至阴阳，荀子都有所取舍整合。荀子本人是个兼容有术的大师，《荀子》一书也提供了完备的治国之术，从行政、人事制度到伦理、教育等意识形态，无所不包。直到《吕氏春秋》出现才有了与之等量齐观的"百科全书"。而《吕氏春秋》简直可以视为《荀子》的集释传注。而董仲舒则是在吕氏"统而不一"的基础上弄成了一个"一而统之"的体系。荀子坚定不移地强调王道比霸道高，王道是正道、是归宿，这个儒家的根本立场他没有变，他只是认为可以由霸而王，也就是说，他不再相信"穷过渡"了，他主张应该先让国家富强起来。

当荀子将礼推至"总方略、齐言行、壹统类"的极地，事实上便不得不援法入礼了。战国时代的国家是单靠礼乐之礼、礼仪之礼管理不下来了，荀子锐敏地认识到这个问题，并顺势援法入礼，使礼治变成可操作、有效率的制度化管理，从而实现"以政裕民"的目标。荀子引入了法家位能相称、论功行赏的竞争机制，将社会等级与能力、功效直接配套相连，从而使国君与庶民都动起来，使国家有章法地运转起来，既提高效率又不能乱。荀子认为礼起源于"分"，意义却恰恰在于"群"，在于通过"分"来更好地"群"。讲"天人相分"的荀子特别强调人类"群"的重要性，"群"若不强大则不能制物而用之，则会成为大自然面前的败兵，更遑论其他了。这也是荀子的礼论很重视效率问题的一个成因。

荀子想在体制建置方面使笼统的礼更多地变成实在的法、数，以保证"朝无幸位，民无幸生"，促进政务走上高效能的轨道，但同时又必须是以礼统法，保持王道的大方向，用懂得礼法之总要的君子去领导那些只会照章办事的"官人百吏"。最理想的是：

> 上贤使之为三公，次贤使之为诸侯，下贤使之为士大夫。

这太理想化了，自出现了私有制就没有过这种摆布法。他较为实际的设计则是：

> 圣王以为法，士大夫以为道，官人以为守，百姓以成俗。
> 君子者，治之原也。官人守数，君子养原；原清则流清，原浊则流浊。

这已经与孔子所描绘的舜用四臣垂拱而治的格局有所不同了，分出了层次，分别强调制定政策与执行政策的责任，但这还不足以显示荀子的特色。荀子援法入礼的一个重要的结论是大面积用士君子去当官，行政系统若不用士君子去操持，便是罪过而危险的。"治之要在于知道"，运用礼法去治国裕民要求足够的道与德、知与术，这是"惟士为能"的。譬如"有法者以法行"这是"官人百吏"可以做到的，而"无法者以类举"时，则只有君子才能掌握得好。他认为君子是国宝："君子也者，道法之总要也，不可少顷旷也。得之则治，失之则乱。得之则安，失之则危。"就像礼高于法、王道高于霸道一样，士君子高于官人百吏，因为士君子能通权达变地运用礼的"类之纲纪"的功能，能在举措应变的情境中依然很好地体现礼法精神。这是俗吏和小人无法企及的。

荀子将礼法道德一体化，彻底贯彻"壹于礼"的宗旨。礼不是一般性的合理，还是一种必须得透过现象才能把握得住的本质的合理，因此礼乃天下之至法，伦理之极致，"兼陈万物而中县（悬，确立的意思）衡（权衡，标准的意思）"，成为人们的行为准则。如果君子不去当官，或不让君子居位的话，这一切便无从谈起了。而君子是学成的，有一个由智生德的过程，先确立"为己之学"的志向，能使礼乐诗书的精义内化为自己的心志，积久入道。有了"生乎由是，死乎由是"的德操，"能定""能应"就叫"成人"了。就可以"使乎四方"不辱使命了。荀子这种先讲"为己之学"敦实了品行并有了扎实的学问根柢之后再来"学以致用"的程序是正确而深刻的。许多人因从"为人之学"下手而变成了仰禄之士。可叹的是荀子也居然有从改变命运这个功利性的角度来"劝学"的时候。

> 我欲贱而贵，愚而智，贫而富，可乎？曰：其唯学乎。

当然，一涉及利禄，便避不开"以利导义"的后遗症。这不用多说。

要说的是这种学成君子从而变成士大夫的道路，不仅是个士子的出路问题，它折射出政教合一这个上层建筑的总特征。荀子设计的礼法治国的政治模式与君子官人百吏的组织形式成龙配套（君子设计出符合礼义的良法美政，并领导监督官人百吏去执行），从而上续了春秋之前的政教合一的大一统，下启了秦汉的政教合一的大一统。荀子还曾自觉地将圣与王、师与君并举齐观，想直接打通学与政的内在联系。政与学的关系打通了，孔学就变成儒术了。以道抗势的道统由此步入了借势行道的两难之境。

关于所谓"独尊"

秦虽二世而亡但遗产颇为丰富,谭嗣同说得对:二千年之政皆秦政也。秦始皇收拾儒生的措施连外国人也耳熟能详,汉承秦制也是不用复述的常识。但汉帝国将近"百岁"时终于酿造出一个"独尊儒术"的局面,儒学在大一统的帝国又有了新的姿态,这不仅是儒学史上的大节目,而且也是中国文化史上的大节目。把这次转型说清楚,以后的情节就可以类推了。

汉家由"质"向"文",是一个自然过程:刘邦痞子集团终被自然法则淘汰,以吏为师教育出来的人才也终于断代了。从社会上网罗贤良直谏、方正文学之士势在必行。由此可以看出,支撑这个社会文化事业的还是社会上的私学。所以那些应征的士子中学什么的都有,儒、黄老、申、韩、苏、张不一而足,并不统一。在这样的历史瞬间,儒术能杀透重围,获"独尊"地位,需要特殊的机遇,儒学自身之传统的力量也相当可观:

> 自孔子卒后,七十子之徒,散游诸侯。大者为师傅卿相,小者友教士大夫……如田子方、段干木、吴起、禽滑釐之属,皆受业子夏之伦,为王者师。是时独魏文侯好学,后陵迟以至于始皇。天下并争于战国,儒术既绌焉。然齐鲁之门,学者独不废也。于威宣之际,孟子、荀子之列,咸遵夫子之业而润色之,以学显于当世。及至秦之季世,焚诗书,坑术士,六艺从此缺焉。陈涉之王也,而鲁诸儒,持孔氏之礼器,往归陈王。于是孔甲为陈涉博士,卒与涉俱死。陈涉起匹夫,驱瓦合適戍,旬月以王楚,不满半载竟灭亡,其事至微浅。然而缙绅先生之徒,负孔子礼器往委质为臣者,何也,以秦焚其业,积怨而发愤于陈王也。及高皇帝诛项籍,举兵围鲁,鲁中诸儒,尚讲诵、习礼乐,弦歌之音不绝。

胡适说儒本殷遗民中传教的那一支,确否勿论,但这种于刀光剑影之中

犹不废我弦歌的气象真是一种宗教情怀、传教精神，给"人文"二字作了不可动摇的注脚，这是正宗儒学的脊梁。他们以师生链为组织形式，以整理经书为理论形式，以讲学为传播方式，使儒学经历了秦火汉刀而承传不绝。若背离了此真脉，则难免入国贼禄鬼一流，这是后话。且说他们薪尽火传至汉武帝时，终于又切回了"为王者师"的轨道：

及今上即位，赵绾、王臧之属明儒学，而上亦乡之，于是招方正贤良文学之士。自是之后，言《诗》：于鲁则申培公，于齐则辕固生，于燕则韩太傅（婴）。言《尚书》，自济南伏生。言《礼》自鲁高堂生。言《易》自菑川田生。言《春秋》：于齐鲁自胡毋生，于赵自董仲舒。及窦太后崩，武安侯田蚡为丞相，绌黄老刑名百家之言，延文学儒者数百人，而公孙弘以《春秋》白衣为天子三公，封以平津侯，天下之学士靡然乡风矣。

赵绾、王臧即《诗》学大师申培公的学生，王臧恰恰当了太子刘彻的少傅，"师生链"的形式落实到皇帝这一环，便威力无边了。"学为君师"的理想正等着这一天。恰逢权倾朝野的窦婴、田蚡均好儒术，他们"推毂赵绾为御史大夫，王臧为郎中令，迎鲁申公，欲设明堂，令列侯就国，除关以礼为服制，以兴太平。……而要蚡赵绾等，务隆推儒术，贬道家言"。但是因惹恼了喜好黄老之术的太皇太后窦氏，这次"隆推儒术"的运动受到打击，婴、蚡免职，臧下狱自杀。好在，窦氏很快谢世，田蚡复出为相，以士林领神自居，推荐学士走向仕途。更关键的是武帝在元光元年（前134）举贤良、文学时，收获了大儒董仲舒，于是遂有了"独尊儒术"这个成语。尽管只是个成语，并不是划齐整一的事实，还是经了这万唤千呼始出来，而且这个儒术已非复正宗孔学，而是经历"与时变化"之后的经术了。

皇帝的需要

雄心万丈的汉武帝亲政伊始即广延人才，史称："汉之得人，于兹为盛"：

> 儒雅则公孙弘、董仲舒、倪宽；笃行则石建、石庆；质直则汲黯、卜式；推贤则韩安国、郑当时；定令则赵禹、张汤；文章则司马迁、相如；滑稽则东方朔、枚皋；应对则严助、朱买臣；历数则唐都、洛下闳；协律则李延年；运筹则桑弘羊、孔僅；奉使则张骞、苏武；将率则卫青、霍去病；受遗则霍光、金日磾；其余不可胜纪。是以兴造功业，制度遗文，后世莫及。

这个单子确实让我们看到了群星灿烂的盛况，"儒但九流一"而已，所谓的"独尊儒术"绝不能作绝对化的理解，此其一。其二，这些人才出身微贱，多被破格擢用者，然而得了好下场的不多。不但这些人，就丞相一系而言，公孙弘八十岁善终于相位，其后李蔡、严青翟、赵用、石庆、公孙贺、刘屈氂相继为相，只有石庆一人以谨慎厚道终于相位，其余皆被杀。武帝杀人时也依然具有好大喜功的特征。他最器重的不是儒者而是酷吏，所以司马迁作《酷吏列传》仅收武帝一朝的以彰其空前的成就。儒家是和平主义者，最反对杀人。杂取了法家思想的儒，也是讲最低限度的杀人，杀是为了不杀。皇帝嗜杀也不奇怪，如秦始皇、朱元璋，但都以"朕即法家"的姿态来杀。唯武帝全面发展，既独尊儒术，又频兴大狱，并能做到相辅相成而不自相矛盾。因为关于儒术，他有自己的标准——当然尔后便成了钦定的标准。

有一则小故事可以以小见大：

> （赵）绾、（王）臧请天子欲立明堂以朝诸侯，不能就其事，乃言师申公。于是天子使使束帛加璧、安车驷马迎申公，弟子二人乘轺车传从。至，见天子。天子问治乱之事，申公时已八十余，老，

对曰:"为治者不在多言,顾力行何如耳。"是时,天子方好文词,见申公对,默然。

申公的回答是正宗儒学的传统观点,然而此时武帝正好文词——夸饰的大赋,不能称心如意,硕儒也失去魅力。已是重臣的赵、王臧因窦氏"让上",一般性地斥备了武帝,就被武帝关入监狱,自杀身死,"申公亦疾免以归"。窦氏固然是首恶,但武帝也太反复无常、毫无定力了,在尊儒与杀儒之间似乎没有限界、距离。董仲舒的《对策》称了朕意,被擢用为江都相,但不久即因一篇言灾异示警的文章险乎送了性命。而"天人感应"问题是武帝第一次"册问"的首要问题,也是董仲舒首先回答并获得过"天子览其对而异焉"的好评价的。所以,完全可以说,武帝所好的儒术,只是能使他称心如意的儒术,他对儒术的态度是一种暴力的态度。

这一点,他在"册问"董仲舒等百余名贤良文学时明说过:

今子大夫待诏百有余人,或道世务而未济,稽诸上古而不同,考之于今而难行,毋乃牵于文系而不得骋欤?(按:可见当时的文吏法令多么密而酷,皇帝求直言还反复鼓励不要怕。此处引的是"册问二","册问一"已宣布了:决不泄漏,毋悼后害。)将所由异术,所闻殊方欤?……切磋究之,以称朕意。

"道世务而未济"可能是学院派的高论,这当然不行,圣上是来问治国之术,来选拔官员的,不是来听故事、主持学术辩论的。与古不同、于今难行的更不着边际,让圣上尤为烦躁的是存在着"异术""殊方"的状况。所以这次盛大的诏对以董仲舒下面的一段话而"一锤定音":

《春秋》大一统者,天地之常经,古今之通谊也。今师异道,人异论,百家殊方,指意不同,是以上亡以持一统;法制数变,下不知所守。臣愚以为诸不在六艺之科孔子之术者,皆绝其道,勿使并进。邪辟之说灭息,然后统纪可一而法度可明,民知所从矣。

这太"称朕意"了。这正是武帝心中想而语中无的那个意思,能实现思想上的一统,他就可以在宝塔尖上以一统万、风流而令行了。

大一统的政治必然要求大一统的思想,这才阴阳和合、成龙配套。秦始皇用的是独尊法术,现在董仲舒像当年李斯一样,也为圣上找出了个一统,只是用儒代法而已。模式依旧,表明它们肩负着差相近似的政治任务,所以必须是《春秋》大一统,不是也不可能是《诗》《书》大一统、《礼》《乐》大一统,因为它们缺乏足够的政治强度。当然诗、书、礼、乐可以以《春秋》大一统为轴心去发挥其教化作用,可以"美政""美风俗",规范人们的文化生活以及社会心理、日常行为。只有《春秋》学,还必须是政治思想性最强的公羊《春秋》,才能转换成与现行政治紧密配合的官方意识形态。

谀儒之儒术

董仲舒曾用天以灾异示警这一套"天人感应"的说法吓唬皇帝:王者对大臣不礼貌,应之以暴风;王者言不从,应之以霹雳;王者视不明,应之以电;王者听不聪,应之以暴雨;王者心不能容,应之以雷。因为王者为民,民情与天息息相关。皇帝就用杀头吓唬他,使他终身不敢言灾异。他的理论有屈道从君的因素,但他本人是个廉隅方正、"行止皆中礼"的纯儒。在文法吏嚣然,帝王唯实利是尚的年头,他大声疾呼:

正其道,不谋其利,
修其理,不急其功。

这种原教旨的儒学口号,圣上充耳不闻理固宜然,就是那些儒生们,信以为真的也寥寥无几了。雨后春笋般生长起来的是一批"谀儒"。叔孙通以秦礼获刘邦荣宠招引于前,公孙弘推动于后,更主要的原因是制度划一,大一统后都得跟皇帝讨口饭吃。消灭了淮南王刘安后,诸侯养士之风便基本上可以忽略不计了。有人劝日在中天的大将军卫青养士,卫青深知皇上心意,绝不敢养。武帝之前儒学一点面子也没有。终于等到武帝起用儒生了,敢托大的只有辕固生这样的老儒,新一代儒生,生怕再像当年惹恼窦太皇太后一样,一言不慎,交上厄运:

> 今上初即位,复以贤良征固。诸谀儒多疾毁固曰:固老。罢归之。时固已九十余矣。固之征也,薛人公孙弘亦征(弘年六十),侧目而视固。固曰:"公孙子务正学以言,勿曲学以阿世。"

公孙弘当是诸谀儒的首脑。他也终因曲学阿世而成为汉代第一个儒生出身的丞相,打破了汉初无儒相的纪录。但他当过薛地狱吏,四十余岁才学习《春秋》杂说,而且他曲学阿世当上御中大夫、丞相后,也还只是文吏、秘书而已,并不是真正的坚持道尊于君的儒。《史记·儒林列传》专有一段比较公孙弘与董仲舒的文字:

> 董仲舒为人廉直,是时方外攘四夷,公孙弘治《春秋》不如董仲舒,而弘希世用事,位至公卿。董仲舒以弘为从谀。弘疾之,乃言上曰:"独董仲舒可使相胶西王。"

结果,"董仲舒恐久获罪,疾免居家。至卒,终不置产业,以修学著作为事。"由此可证,董子绝无曲学阿世、干禄求荣的用意,他的学说被流氓皇帝、酷吏、小人儒歪曲利用是一方面,另一方面就是思想范式本身的规约性——《春秋》大一统的理路使他成为儒学独断论的罪魁。

而真正败坏了儒风,使儒术成为贬义词的是公孙弘。尽管我们现在还不敢说在公孙弘之前没有他这号巧宦,但我们敢说,汉家天下独尊儒术,而第一个儒术的样板是公孙弘。而他的个性、作风与后世人所指责的儒术特征竟是那么天然妙合:

> 弘为人意忌，外宽内深。诸尝与弘有郤者，虽详与善，阴报其祸。杀主父偃、徙董仲舒于胶西，皆弘之力也。食一肉，脱粟之饭，故人所善宾客仰衣食，弘奉禄皆以给之，家无所余，士亦以此贤之。

给人一种绝对柔善的外观，但绝不是滥忠厚没用的老好人。《汉书》弘传还加了一句，说他"无近远，虽阳与善，后竟报其过。"城府相当深。他又是一个用俸禄供给宾客的热心人，《汉书》弘传说他"自见为举首起徒步，数年至宰相封侯，于是起客馆开东阁，以延贤人，与参谋议"。公孙弘也不像阴谋家那样鬼气森森，"弘人谈笑多闻"是个风趣的人。公平地说，汉武帝并非愚儿痴子，但公孙弘自有他过人之处，自有让武帝特别满意的地方：

> 每朝会议，开陈其端，使人主自择，不肯面折庭争。于是上察其行慎厚，辩论有余，习文法吏事，缘饰以儒术，上悦之。一岁中至左内史。弘奏事有所不可，不肯庭辩。常与主爵都尉汲黯请间，黯先发之，弘推其后，上常悦，所言皆听，以此日益亲贵。尝与公卿约议，至上前，皆背其约，以顺上指。汲黯庭诘弘曰："齐人多诈而无情。始为与臣等建此议，今皆背之，不忠"。上问弘，弘谢曰："夫知臣者，以臣为忠，不知臣者，以臣为不忠。"上然弘言，左右幸臣每毁弘，上益厚遇之。

这是炉火纯青的儒术，达到了化工、化境，是绚烂之后的朴素。除了他外宽内深的个性，习学《春秋》的政治智慧，还有一个很重要的原因，就是他此时是七十来岁的人了，这份老成才是他深算的根柢，能玩得住汉武帝的地方。或者我们更应该说这是汉武帝独具只眼的天才之处。他以及他的政体所需要的正是这种老人风格。庸言谨行，谦虚驯顺，识大体，明大礼，老成持重，这的确是最让人主高兴的一种忠诚，令人主放心，令人主如坐春风。当然这种让人主高兴的忠诚包含着阴附主意、不计曲直、柔顺取容等儒雅的计算，这种乡愿巧宦的风格，貌似谦让而并不吃亏的技巧，正是行为方式中、

官场斡旋中的儒术。

这个儒术更难学,汉武帝"独尊"出来的儒术——当时大家能感觉到的当主要是这个。公孙弘、董仲舒两种不同的命运就是一个具有说服力的侧面例证。公孙弘的成功也使这种儒术成为一种定式,至少是儒术中的一格:不跟君主要那种师友之间的身份了,而只讲遂顺君主的为臣之道了,当然不包含不怕死的谏君之道。

官学化的代价:先杂后俗

权力与道德本质上是对立的,作为权力化身的皇帝天然是法家。风流皇帝是特例,而且往往要亡国的。刘邦以无赖起而终为天子,开夏、商、周、秦以来新局面。从战国竞争起,儒学由显学逐渐向齐鲁一隅收缩,以人存道,中经秦火汉刀而犹能复出于武帝之世,而且《诗》《书》《礼》《易》《春秋》并出,是个奇迹。但这个"道统"要与一个没有任何文化传统的刘汉政权相结合,真用得上东方朔那句空口禅了:"谈何容易!"

汲黯曾面讽武帝崇儒虚名亡实而已。事实上武帝尊儒术本身就是一术,他要借用儒之术来使自己的作为有个好说法。他晚年好神仙,道家也并未真被罢黜过,等等就不用说了。儒学主要用于化治民俗,皇家自己的事情自有家法,武帝并没有把儒术当成传家宝。宣帝那段名言说得一清二楚:

汉家自有制度,本以霸王道杂之。奈何纯任德教、用周政乎?且俗儒不达时宜,好是古非今,使人眩于名实,不知所守,何足委任。乃叹曰:乱我家者,太子也。

这位太子就是汉元帝,他劝父皇"宜用儒生",引来这段训斥。他为帝后真起用了儒生,结果班固说使"孝宣之业衰焉"。成帝被元帝教导得儒风盎然,又太孝顺了,开了外戚掌权的端。哀帝转过来,因"睹孝成世,禄去王室,权柄外移,是故临朝屡诛大臣,欲强主威,以则武、宣"。到了平帝,就是王莽说了算了。要说真把儒术移到政治上来广泛推行，还就是王莽，他也因此而得了"以《周礼》乱天下"的恶名。儒学中人又说他用的"经"本是"伪经"。若是王莽真成功了呢？那当然是另一番景象，另一套说法。至少儒学国有化的程度会大大抬升。

当然，这个帝王将相的谱系只有局部的说明意义。儒学四百年来一直是私学，它的根柢在民间，它那平民色彩的人道主义规定了这个学派的高贵的品位。在没有更好的学说之前，它的确是人间正道、社会公理的化身。这是私学的民间性、相对的独立性带给它的光泽。但是，在未成官学之前，它已被杂化，从荀子到董仲舒这三百年历史是儒学变杂的历史。等这个杂化的儒学成了官学以后它又变俗了——儒学普及了，品位却大大降低了。

因为，所谓儒学成为官学，它的实质性的要件是：（1）儒者当大官；（2）儒学经典成为统编教材，以培养后续官员。说到底是个人事问题，儒门所强调的"天下为公"的大道，孟子直着脖子要传下去的道统，消隐了。今天看来所谓的官方哲学的确立，在当时只是个用什么人执政，从而保持什么样的行政作风——政治风格问题，如是主杀伐还是主教化之类。至于把儒学作为一个文化部门，置个经学博士以"备问"（就是那个宣帝，将博士子弟员倍增至二百人），允许他们在社会上办学写书，让儒学那些说法去教化民众什么的，就是贬儒的男皇或"女皇"也并不反对的。事实上那些在守令岗位上的循吏们对老百姓施行"富之，教之"的儒化管理，只要不牵扯上层矛盾，皇家还是很高兴的。在他们的观念中，儒学及儒者就当定位于教育、宣传、化治民俗上，宣帝讲的"霸王道杂之"，就是把儒——王道这样摆布的，要点还是在于儒者"何足委任"！

武帝尊儒的主要表现是大量起用儒者，放手让儒者去干这样的活儿：封禅大典、制礼作乐、出使外邦、抚慰诸侯、缘饰吏事……造成一种浩浩荡荡的气象。武帝的成功之处在于他并未独尊儒术、独任儒者，打仗有卫青等，杀人有张汤等，他的创造性的作品是破格让公孙弘为相，从而有了一个中和方方面面的"秘书长"。汉武帝需要的是符合他意图的办事员——他需要大批的、绵绵不断的文吏——这是儒学成为官学的原因，也是它变俗了的原因。

公孙弘还是处在纽结上的人物。他有感于那些"明天人分际,通古今之义,文章尔雅,训辞深厚,恩施甚美"的"诏书律令"颁布以后,那些"小吏浅闻,弗能究宣,亡以明布谕下"——不能很好传达、贯彻。所以他提议:

> 以文学礼义为官。迁留滞,请选择其秩。比二百石以上、及吏百石,通一艺以上,补左右内史、大行卒史。比百石以下,补郡太守卒史。皆二人,边郡一人。先用诵多者;若不足,乃择掌故以补中二千石属,文学掌故补郡属。备员。请著功令。

这段话拗口,句读也有争议,大意是:提拔那些擅长"文学礼义"的官吏,百石薪水以上官吏提拔到中央来充任礼、史、"秘书"等岗位;百石这个等级以下的提拔去做太守的"秘书"。先选拔"诵多者"(博学而通达的),不够数再挑熟习"掌故"的。所谓的"掌故"其实是许多"不成文法"、惯例,也是专门学习、整理这方面知识的官员的称谓。这个建议,武帝批准了。

司马迁在《儒林列传》的开首说:"余读功令,至于广厉学官之路,未尝不废书而叹也。"他为什么如此感慨、如此激动呢?清代的文章名家方苞说:

> 盖叹儒术自是(此)而变也。古未有以文学为官者。……其以文学为官,始于叔孙通弟子,以定礼为选首,成于公孙弘。……弘之兴儒术也,则诱以利禄,而曰以文学礼义为官,使试于有司,以圣人之经为艺,以多诵为能。通而比于掌故,由是儒之道污、礼义亡而所号为文学者,亦与古异矣。子长(司马迁)所读功令,即弘奏请之辞也。自孔子以来,群儒相承之统,经战国、秦、汉孤危而未尝绝者,弘乃一言败之。而其名则曰厉贤材,悼道之郁滞,不甚可叹乎。

方苞写了这《书儒林传后》,意犹未尽,在《又书儒林传后》追问,像公孙弘这样降儒学为文学、更递降为"记诵比掌故"——"此中尚有儒乎?"这一问问得好。所谓儒学官学化,落到实处的就是这种文吏化,当然儒士也因此化为文吏,这条"广厉学官之路",在当时是大受欢迎的,对儒学自身的影响也至为深重。方苞的结论是:

> 由弘以前,儒之道虽郁滞而未尝亡。
> 由弘以后,儒之途通而其道亡矣。

经典教育

这种以培养官员为目的的学历教育("功令"),经过百年磨合,终于选定了儒家著作为统编教材,从而形成了绝对是中国特色的"经典教育"。这种教育体制(从来就是官僚体制的附庸),促进、刺激了经学的畸形繁荣,简言之,就是经院化、实用化的毛病空前绝后。《汉书·儒林传》总结得还算扼要:

> 自武帝立五经博士,开弟子员,设科射策,劝以官禄,讫于元始,百有余年。传业者寖盛,支叶蕃滋。一经说至百余万言,大师众至千余人,盖禄利之路然也。

"一经说至百余万言",这是孔夫子不曾梦见的。擅长一经的大师能有千余名从学者,可见汉代私学的盛况。这其中有许多已成佳话的,甚至可以说可歌可泣的"传经授业"的故事。当然利禄之徒更是在所多有。国家若不将学与仕结合起来,单靠学说自身的吸引力肯定不会如此壮观。随便翻翻《汉书》中的列传,就会觉得,自宣帝朝开始儒学经术已深入帝王将相的文化生活中去了,读书人苦攻经术的事情更是家常便饭了。由于大一统的体制及儒学自身的风格所规定,汉代书生没有了战国策士的脾气、气焰。他们不得不埋头纸堆与书斋,但是,他们似乎并不苦闷,他们的出路要比后来的士子们宽广得多,征辟一项就名目不少,荐举的科目不算少,补"百石"、补掌故、补博士也是出路(如匡衡),由博士弟子考出来更是官道。无论是入官学(太学、郡国学），还是入私学，都满怀着信心，"射策得中""通一艺以上"等指标鼓舞着他们皓首穷经。所以，到西汉末年，见小不见大、支离破碎、牵强附会等经院化的毛病已赫赫然了。而东汉盛行的古文经依然有这个特征，只有训诂成绩好于西汉（如马融）。尽管古文经学基本上是以历史学的眼光和态度对待孔子和经书，比玩玄虚地挖所谓义理的今文经学平实一些，学术化一些，但在讲究"通经致用"这一点上，两派是哥儿俩。因为经学繁荣、兴盛的前提和土壤是皇帝要使用，政治上也需要，这哥儿俩的主要区别是今文经以《春秋公羊传》为主，古文经以《周礼》为主。今文经的拿手好戏是：以《春秋》决狱，以《禹贡》治河，以三百五篇（《诗》）当谏书，通了《易经》给皇帝打卦，最后走向谶纬。古文经则不鸣则已，下手就是起明堂，立辟雍，在礼典大则上显身手，最厉害的就是真改制——刘歆是王莽的国师。这两派争论的主要焦点是立某经之学官否，由此引发争谁是经学正统。至于所谓用隶书（今文）写的，还是用籀书（古文，秦统一以前的文字，汉世已不通行）写的，虽是基本问题，却不是非争不可的。尤为悲惨的是在皇帝面前争宠。日常的供奉不必说了，居然有皇帝出面当"教皇"钦定学术问题的石渠阁会议、白虎观会议。经学与政治的血缘关系一目了然。争来争去只是深化了政教合一的进程而已。钱宾四先生曾愤慨地说："汉儒之经学，非即孔子之学也。……不脱秦人政学合一之趋向，非学术思想本身之进步。"

然后……

以上是中国这部磨盘般历史的"第一圈"，也是建立模式、确立规范的第一圈，然后便是同心圆般的重复、再版了。"势"的属性是一姓之家天下，"道"便只能得到被扭曲后的张扬，被利用性质的重用了。简言之，就是将主张"天下为公"的孔学变成了为一姓服务的儒术。官僚网结上爬满了读孔孟之书不信孔孟之道的儒生，天底下流行着没有了儒魂的儒学，事实上是没有了"道"只剩下了"统"。这不消多说，只要看看所谓的"代圣贤立言"的八股取士法，就什么都能明白了。因为天下是武夫逆取而来的江山，"道"变成了儒生为之顺守的借口，被利用为官方意识形态的儒术，大体上变成了"缘势学"。

然而这只是官方摆布儒学的情况，并不是儒学的全体实相，真正坚持道统的亦有人在，他们承受着势的摧残，却秉持着弘道情怀，为天下养着正气。如东汉末造，"朝政昏浊，国事日非，而党锢之流，独行之辈，依仁蹈义，舍命不谕，风雨如晦，鸡鸣不已"。"桓灵之间，君道秕僻，朝纲日陵，国隙屡启。"而终于"倾而未颓，决而未溃，皆仁人君子心力之为"。顾炎武慨叹："三代以下，风俗之美，无尚于东京者！"《汉书·循吏传》《后汉书·党锢传》也记载着儒师们维系天下风俗的"功能"。就是新文化运动后被视为天敌的程、朱活着时又何尝得到过荣宠？二程列入北宋的元祐党人碑，朱熹列入南宋的庆元党人碑。为明王朝立下汗马功劳的王阳明却屡遭查勘，其心学被视为伪学屡遭纠劾。生被视为异端的何心隐、李卓吾等死于非命，也算理固宜然了。好极而言之的梁启超甚至这样认为："儒家哲学也可以说是伸张民权的学说，不是拥护专制的学问；是反抗压迫的学问，不是奴辱人民的学问。所以历代儒学大师，非惟不受君主的指使，而且常受君主的摧残。要扪贼民之罪加在儒家身上，那真是冤透了。"

朱熹曾浩叹"尧舜周公孔孟之道何尝一日行乎天壤间！"这个"道"差不多相当于君子儒的心念了。除了他们的人格以外，"道"不但无保障而且也无载体，这一点儒门圣人早已自知。孔孟一再强调"修己""养气"就是要给道建立内在的保证，余英时说得很对："在西方和其他文化中，只有出世的宗教家才讲究修养，一般俗世的知识分子从没有注意及此的。中国知识分子入世重精神修养是一个极显著的文化特色。……中国知识分子之强调修养不但与'道'的性格有关，并且涉及'道'与'势'之间的关系。""自古传法，气如悬丝。"儒学真脉正是靠着历代真儒人格来绵延的。王阳明倡导知行合一、致良知正是为此，他晚年曾悲怆地说："譬之人有冒别姓坟墓为祖墓者，何以为辨？只得开扩，将子孙滴血，真伪无可逃矣。我此良知二字，实千古圣贤相传一点骨肉也。"

若说仰仗了什么社会性的依托，那就是办学。《宋元学案》《明儒学案》

留有动人的记录。从《历代大儒传》中也能看到这个背景对于传道的贡献。譬如颜元若不靠徒弟传播其学说，他那个江湖郎中的身份使他的辐射面跨不出县境。朱熹、陆九渊、王阳明所办的书院，不仅使儒学有了自己的学校，还影响了中国历史的进程。当然还另有两类书院：一是科举辅导班，宋、明都有，清中叶后则全是，（龚自珍曰："今之书院，则又宋、明书院之罪人也。"）接近汉之章句经师的私塾；一是清议参政派，如东林书院，显然与东汉清流一脉相承，结局也是同遭党锢之祸。要从风格上说，致用经师一路像荀子，清议一路像孟子。真正像孔子的，没有。

西方的坚船利炮打入这个古老的文化帝国后，君主专制体制以及这种体制所派生出来的八股文化体系无法应付这三千年未有之变局，八股文化养育出来的官员更是出尽洋相，这样暴露出来的所谓儒家文化的困境，恐怕不是孔学的真困境。第一个寻找西化之路的学者严复就认为：让王阳明这样内圣外王均了得的人来"当今日之世变"则会不至于此。今天陆续有一批新儒家来反驳韦伯，说儒家文化具有推动社会改革的内在驱力，而且亚洲四小龙飞出了"黑天鹅"。我们不管老内圣能否开出新外王或新外霸，我们只关心这内圣一路是否有益于人性建设，内圣之乌托邦情结能否成为国人走向21世纪的精神资源？这当然不是一个靠一厢情愿就能解决的情绪化的问题，而且谁也无法预卜结局。但是就连那个仰望宇宙星系说没有道德这一系的爱因斯坦都说："第一流人物对于时代和历史进程的意义，在其道德方面，也许比单纯的才智成就方面还要大。即使是后者，它们取决于品格的程度，也远超过通常所认为的那样。"龚自珍在给秦敦夫的信中说："士大夫多瞻仰前辈一日，则胸中长一分丘壑；长一分丘壑，则去一分鄙陋。潜移默化，将来或出或处，所以益人家邦与移人风俗不少矣。"恩格斯谆谆告诉青年人：提高哲学思维水平除了读以往的哲学著作之外，没有更好的办法。

禅心妙悟 大雄无畏[*]

若论宗教原则，各教有各教的殊胜之处，且不宜比论；若论思维工程，佛教体大思精，无与伦比，无论从部派余门之多夥来说，还是就典籍论疏之浩瀚而言，都独树一帜。仅汉译佛典就有四千万字左右，日本出版社的望月《佛教大辞典》有三万五千多条目，也就是说有三万多汉语的佛教概念。这是中国本土的儒学和道教望尘莫及的。而且佛教可以称之为"智慧教"：成佛的唯一道路就是"觉悟"，从烦恼海、生死流转中解脱出来的法门只有靠修证出禅心妙悟。

"禅"是一种定心的方法：使心专注于一境而不散乱的精神状态。小乘佛教提倡用四禅法（初禅、二禅、三禅、四禅，层层递进，形成一种特殊的心理感受）来对治迷妄，成就功德。大乘佛教主要倡导念佛禅（借助智慧，专心观想佛的三十二种相，八十种好，就可使十方诸佛现立在前）、实相禅（把禅法和空观联系起来，既要看到一切事物的空性，又要看到一切事物的作用），中国佛教则倡导五门禅观，贪欲重的修"不净观"，嗔恚重的修"慈悲观"，愚痴重的修"因缘观"，散乱心重的修"数息观"，一般人修习"念佛禅"。还有"止观双修""定慧两开"等等，这些让人眼花缭乱的禅门只有一宗旨，就是修证出脱离欲界的清净禅心。禅心是"妙悟"之体，"妙悟"是禅心之用，这叫作"先以定动，次以智拔"，无禅不成悟。就像无空不成动一样。佛教认为"烦恼侵害，事等如贼"，唯有"觉悟"，才能不为其害；凡夫

---

[*] 本文原载于周月亮教授微信公众号，2023 年 11 月 18 日，收入本书时有改动。

"智障无明皆寝,事等如睡,圣慧一起,幡然大悟,如睡得寤",所以叫"觉悟"(《大乘义章》二十)。妙悟似可指涉两种情况:一是顿悟,突然豁然贯通;二是正觉,自觉觉他,觉行圆满,臻达不可思议之无上菩提。

中国佛学,尤其是禅宗不讲有个客观存在的彼岸世界,只讲究人的心境是在此岸还是在彼岸。"直心即净土"(《维摩诘经》)、"迷而为凡,悟而为圣"(梁肃《天台止观统例》),"不悟即佛是众生,一念悟时,众生是佛"(《法宝坛经·般若品》)。此岸与彼岸,魔与佛只在一念间:"前念迷即凡夫,后念悟即佛!"

太虚大师认为佛教是发达人生的理论,推行佛教是利益人生的事业(《中国佛教》)。我认为佛学是一个浩大无边际、绵延无尽头的打捞心性的思想工程,它有助于人类心灵建设,有助于保全日益被挤兑至无处安身的人文情怀(那些高僧、学僧最合乎自由知识分子的定义)。太虚大师说得好:"完成在人格"。

"禅界无欲"也许并不符合已知的人性,佛教说的"彼岸"也许并不存在,但佛门真谛却端的是"外星球价值体系",离我们的实用理性、经验心态遥远若星际之间。但离得远构不成否定其价值的理由(也许存在着别的可以成立的理由),就像驴子走近稻草堆而不走向黄金堆并不能证明黄金无价值一样。

其实佛教的彼岸学说也是由反思经验而得,只是其出发点与归宿与俗人常态截然相反而已。俗人都说权势好,唯有佛说那是造孽的行业;俗人都说财色好,唯有佛说那是猪狗世界,散发着臭尸的气息("不净观")……俗人斥责佛学为虚无主义,佛说俗人是痴惑病患者("病子"),该虔诚地接受精神治疗:发正心,持戒律,忍辱精进,解痴解惑,解脱证得涅槃果。

佛所倡导的"悲观"是无条件的理想主义:众生皆有佛性,人人皆可成佛,甚至"无情有性"(无情识的物体也有佛性)。佛所倡导的"慈观"是无条件的牺牲奉献主义:悲悯众生,尽其所有的布施,不求回报地济度众生。佛所倡导的"空观"落实到人格上便是无条件的英雄主义:以头临白刃,一似斩春风;毫不犹豫地和世俗价值体系针锋相对,赤身担当,大雄无畏。

禅心妙悟 大雄无畏

　　大雄无畏，关键体现在价值抉择上，将整个生命奉献给追寻善法、抗击恶业的精神事业。大雄无畏的精神能源来自弃"小我"得"大我"的心力。——说句题外的话，最能体现这种生命姿态的中国人，当数毕生进行着"绝望的抗战"的鲁迅，还有谭嗣同。

　　大雄无畏，是因为"至善无畏"，也因为"大雄"修证了"方便双融"之"圆觉"，具备了"随缘妙用无方德"（法藏语）、"心大如海"获"游戏神通"（《维摩诘经》）大自在，便可以反转过来当真俗无碍、行解相应的"菩萨"了。如众所周知的禅宗六祖慧能，从弘忍受法后，"怀宝迷邦，销声异域（指岭南），众生为净土，杂止于编人（有户籍的平民），世事是度门，混农商于劳侣"（王维《能禅师碑铭》）。不但食人间烟火，而且食人间最底层的烟火。这叫作"不入烦恼大海，则不能得智宝"。

　　而且，中国佛学提倡："佛法在世间，不离世间觉。"我们所理解的禅心妙悟并不神秘，它只是一种能"转"万物而不被万物"转"，化烦恼为菩提，"变三毒（贪嗔痴）为戒定慧"，出污泥而不染的生命状态，智慧风貌。"标准相"便是端坐在"大雄宝殿"的佛陀，他神气圆和，意态安详，目光平远视，还有那永恒的微笑，他说："一切众生，皆悉吾子。"人人皆可成佛。

　　注：禅，是"禅那"的简称，亦称"禅定"，印度称之为"瑜伽"，或译为"弃恶""功德丛林""思维修"等，新译为"静虑"。有时翻为"定"，"定"之梵名为"三昧""三摩地"。禅宗之禅，其名虽取思维静虑之义，而其体为涅槃之妙心。

清代的文化传播[*]

清代的思想史、文学史、学术史上的大师基本上都是民间的，前期的大师往往都是明朝的遗民，不是实际上的贵族就是精神贵族，中后期的大师则多是没落贵族，这里的民间，不是社区概念，而是个文化概念，是指非官方、非主流的，从而有独立性（创造性）的，对官方主流意识形态持批判立场的言述与创作，如妇孺皆知的《红楼梦》、与《红楼梦》差不多伟大但是不像《红楼梦》那么享有盛名的《儒林外史》，后期的四大谴责小说，近代史上第一办报的人，等等，尽管二分法有各种问题，但上述二分法是毫无问题的。因为满族推行的文化在"民间"没有与汉文化传统切实地交融起来，文化是不以统治阶级的意志为转移的，文化有被权力宰制的一面，也有超越权力独立发展的一面，可以宰制的变成了官方文化（理学、官学），超然的人文是可以而且自古以来就是在民间养育、薪尽火传的——自古传法，气如悬丝：佛教的灯传、白莲教的点传、儒学的真道统，都是以精神相传，而非权势的树立或依附权势的。

大师传灯首先是对后世影响深远的明遗民的思想大师谱写出来的批判精神，顾炎武、黄宗羲、王夫之，既批判明末空谈心性的学风，又抵抗清朝的文化宰制，以在野的身份痛切地大反思几千年的弊病，黄宗羲痛斥君权（《明夷待访录》）、顾炎武细检制度、王夫之反思了文史哲全部的观念系统。由此生发出经世致用思潮，是他们的批判精神的自然果实，也是清廷最为痛心疾

---

[*] 本文原载于《现代传播》（中国传媒大学学报）2001年第3期，收入本书时有改动。

首志在必除的东西，也的确在康乾盛世、在乾嘉学风中湮没，直到晚清才大放光芒——再次显示了文化超越而终能经世致用的伟力。顾炎武的《天下郡国利病书》、王夫之的政治哲学、黄宗羲的学术思想、颜元的"实践"哲学开创出清代许多新的学科和学派，成为清代文化的实际内容，边疆舆地、科学技术、制度史学、辨伪学，即使乾嘉学派也使用着清初大师的范式，所以像侯外庐那样的思想史家，径直以"启蒙思潮"为纲来写清代思想史。

钱穆的《中国近三百年学术史》就是以"大师传灯"的方式来写的，梁启超的《清代学术史概论》也是"按人头"来写，把经、史、子、集、语言、地理诸家诸派的传承讲得让后学小子不敢赞一言，钱、梁的大著作即是学术史，也是清代文化传播——揭示了学界薪尽火传的链条、文化兴衰的内在学理，学派形成发展的地缘背景，因为清代虽然高压，所谓康乾盛世是想把全国变成高压锅的盛气凌人之世，但是广大的"民间"是他们望洋兴叹、鞭长莫及的，李二曲在关中、颜习斋受聘漳南及在河北故里办学、张伯行在福建所至必修建书院学舍、沈国模说"陵谷变迁（改朝换代），惟学庶留人心不死"，与史孝威主持姚江书院，以上都是坚持明代书院传统、弘扬正学，不当科举附庸的。

清廷先用加官进爵的办法拉拢学官阶层，清初沿用明朝旧制，除府学教授是从九品，别的教职无品，雍正十三年（1735）下令：各府学教授正七品、州学正县教谕正八品、府州县的训导为从八品，以此作为改造学校的阶级力量，官办学校自然可以运用权力加以管制，官办的书院也在雍正的指挥下，以摒去浮嚣、杜绝流弊为"理由"，不再讲学，而以应试为宗旨。但对民间的不来上钩的学者、思想家的书院，清廷也没有让里甲或特务把他们杀了，把学校封了。

中期阮元在浙江创诂经精舍，在广州立学海堂，黄体芳建南菁书院，俞樾主讲苏州紫阳、上海求志、归安经湖等书院，在杭州诂经精舍主讲了三十多年，刘熙载主讲龙门书院，朱一新任广州广雅书院山长，都是贯彻汉学宗旨的著名书院，不同于八股附庸的书院和讲求性理的书院，王筠教蒙学有名于时，其《教童子法》颇合近代教育学。

清代对新增设的省份，如新疆、黑龙江等推广农业和手工业成绩显著，清中期以后，组织向西北的移民，客观上推进了边地与内地的经济文化的交流融合。清代在不断增长的人口压力的促动中，改进种植技术，添置更新更多的农具、机械，发展排灌系统，引进优良品种，发展防治病虫害技术，同时几千年就有的扩大种植面积的办法在规模上得到了登峰造极的发展，开荒造田，围湖造田、围海造田、劈山造田、开垦沼泽地、盐碱地等等。但是此时西方近代科技蓬勃发展，清代则还在古代科技的范围之内，与人家拉开了距离，而且拉开的距离以几何级数的加速度造成越来越大的距离。各种中国特色的手工技术则进入黄金时期，如制瓷、纺织、印染等等，中国特色的医药学、地理学、水利学在官民之间交叉传播，创新无多，但普及的幅面还是相当壮观的。

民间文艺、绘画、武术、烹调、养生、等等，则是空前的繁荣，也是在官民之间的空间传播、整合、发展。

鲁迅曾说过用几百年来的耻辱史换一点汉学成就够可怜的，但从文化传承角度看过去也越发不易，而且在高压的气氛中纯学术的取向毕竟能保留下来一线纯正的知识系统，血雨腥风都事过境迁之后，知识成果还巍然屹立，成为后世文化的依托，也是文化传播可以孤立于世事风云之外的一个证据。在这个意义上，传统具有超越现实、反抗历史的作用。所谓汉学是清代那批侧重实证、考据的学人要刻意地超越宋明学风，回到汉代经师的治学规范上去，主张读经须识字，先明音韵训诂、版本、辨明真伪；读史论史同样先求信史，除了校勘考证史书外，还须从器物、金石刻词上收集直接史料，由此形成了自成语境的考据学。就是为考据而考据的学者也是在恪守着一点文人的消极自由，一点摆脱意识形态化的努力。

清初汉学的创始人及其代表人物是顾炎武、阎若璩，乾嘉年间则分出地域性的学派：以戴震、江永，程瑶田为首的皖派，以惠士奇、惠栋、张惠言为代表的吴派，以焦循、王念孙、王引之为翘楚的扬州学派，他们之间的个人师承往往是交叉的，不像理学家、心学家那么讲究门户。他们注经解史的著作汗牛充栋，难以遍举，是今人研究历史的基础知识，没有汉学成就，人们还蒙在"伪史"或失之于谀的正史、失之于诬的野史中，继承这一脉学统的是现代"古史辨派"，利用他们的研究成果的则是全人类——最让人感动的是海外汉学家——知识是无国界的。

汉学中有小学一脉，张之洞《书目答问》立"小学"一门，列了69人，其中有与经学家相重复的。所谓小学，是文字、音韵之学，旧称小学，本是经学的一部分。这一脉后来大昌盛，20世纪30年代北京大学开设了17门文字学、音韵学课程。清代的小学家，研究《说文解字》有四大家：桂馥、段玉裁、王筠、朱骏声；研究《尔雅》的则数郝懿行的《尔雅义疏》，研究音韵学则以《韵》《集韵》等书为中心。还有在近世卓有影响的章黄学派。

由于宋元版刻的发达，传世的图书越来越多，明清两代的目录学已随之日益发展，清代又大大胜过明代。清人黄虞稷的《千顷堂书目》成为《明史稿·艺文志》的底本。总数200卷的《四库全书总目》则是目录学顶峰了。阮元的《四库未收书目提要》则是考见清廷不收什么书的索引。版本学是考证版本源流、鉴定版本真伪的专门学问，依据时代有宋版、元版、明版等等，根据刊刻地域的不同，有浙本、蜀本、闽本等等，根据刻本的质量分为精刻本、写刻本、百衲本等。据装帧分则有经折装本、蝴蝶装本、包背装本、线装本等，根据文献的收藏和使用价值又分为孤本、秘本、珍本、稿本、善本、批本等等。清代乾隆年间，于敏中等人奉敕编纂《天禄琳琅书目》十卷，以经史子集为纲，按版本年代分类，分别详记每书的刊刻年代、流传收藏、印章题识等等，此书问世后影响甚大，成为目录著作的范式。

今人研究汉学已成为专学，清人江藩的《汉学师承记》则是较早的汉学谱，康有为说该书故意写不高明的汉学家以暗贬汉学。而方东树的《汉学商兑》则勾勒了不同于《汉学师承记》的学术线索，最简要明畅的要数刘师培的《近儒学术系统论》，先举清初之理学，后述雍、乾以降之经学及各地之学风，足见清代学术之大概，如勾勒汉学输入浙江的过程，信实可观。"民间文化"是清代成千上万学人默默耕耘出来的，民间文化的顶峰自然还数"百科全书"的《红楼梦》。

清入关之初，八旗军旅不足十万，他们强调"满洲根本"，又宣称"满汉一家",不可阻挡的是基层的满汉同化,八旗汉军渐染满俗,八旗满州渐染汉俗,杂居共处,联姻通婚,语言习俗渐趋一致,满族出了一些文学家(如纳兰性德)、科学家、翻译家等等,八旗官学是向满人传送汉文化的教育传播的基础设施。清代的蒙古族分为八旗蒙古、内属蒙古、外藩蒙古,其语言文字开始趋向统一,汉语小说译成蒙文的计100多种,在文献古籍整理和历史、地理学研究方面,涌现出一批有成绩的学者。本族的文学也获长足发展。著名史诗《格萨尔王传》的木刻本于18世纪初在蒙古地区流传,宗教文学很兴盛。过去,回族分散于全国各地,从清代开始逐渐向西北集中,云南是仅次于西北的回族聚居区,他们有长途运输、经营商业的历史传统,他们卓越的才智与勤奋的干劲,使他们的聚居地大大开化进步起来。伊斯兰教的学者注意与中国传统文化相结合,开辟了新篇章,"回民义学"培养了回族科举出身的官员和文化人,回族文学也成绩可观。藏族的宗教和史学在清代颇受重视,西藏各寺庙都发行了数量庞大的藏文《大藏经》,还有蒙文本和满文本。《西藏历史·春后之歌》一直为藏族史学界和国内外史学界所推崇。藏族的诗歌出现了万紫千红的局面,长篇小说也成熟了,南方的彝族、白族、纳西族、傣族、瑶族等民族,各自的文化均有可称道的传承发展,在相互交叉感染之"传通"方面的实绩更是一言难尽。

中国在商业上几乎是不知不觉地逐渐纳入了世界市场,茶和瓷器在欧洲日益受重视,中国文化也因传教士和商人们回母国后的宣传而扩大了影响。把中国作为理想的国家型范的哲学家、思想家往往是从书本上了解中国,为"形击"其本国的缺陷而"逻辑"地推导出来的"说法",如世界级的大哲学家莱布尼茨(1646—1716)通过拉丁文本的《中国图志》、《中国哲学家孔子》(《论语》《大学》《中庸》加注释的合译本),以及与闵明我的通信了解中国,在1697年版的《中国近况》中说:"中国人能够竭尽所能的团结,以实现公共的安全和人类的秩序。""如果理性是一副清凉的解毒剂,那么中国人就是最先获得这副药剂的民族。"他认为,为了对付四分五裂的德国和陷于道德沦丧的欧洲,最好的办法是请中国人来教导自然神学的目的和实践。——在社会、政治问题上天真的他,在哲学上沟通了中西两大文明,主要是他的影响了后世哲学的单子论融合了老子、孔子的"道",至于他提出的成为计算机理论基础的二进制数学是否是从中国八卦思维中脱胎出来,尚有不同说法。

伏尔泰反驳有人对中国文化几千年不变的指责,说"中国人胜过世界上所有民族的地方,正是它的法律、风俗、语言在四千多年中的承袭未变。中国几乎发明了所有的技艺"。他把儒家学说视为高于基督教的自然神论、理性宗教,中国的君主制也比法国的君主制高明,号召欧洲人向先进的中国文化学习。

欧洲人写的《中华帝国图》《中国新地图》《中国历史概要》是当时欧洲流行的书籍,还有中国医药也为洋人重视,出现了洋人编写的《官话简易读法》和字典《拉丁文中文字汇手册》。所谓欧洲18世纪的中国风潮,从欧洲人喝中国茶开始,到追求华瓷、仿制中国款式的丝绸、庭院建筑、室内陈设,还有出门坐轿的时髦风尚——这些后来演变成英华庭园和法式马车,药物、脉学、针灸也介绍到了欧洲国家,1656年传教士编译《本草》部分内容的《中华植物志》(拉丁文本)在维也纳出版,1682年《中国医法举例》在德国出版,1683年《应用中国灸术治疗痛风》在汉堡出版,之后,针灸术传到了德国、法国、意大利、西班牙、瑞典等,19世纪初,法国的大医院开设针灸专科了。

马若瑟在广州翻译的《赵氏孤儿》1734年初刊于《法兰西时报》,1735年全文收录于《中华帝国志》第三卷,1736年有了英译本,1747年有了德译本,感动了狂飙运动的领袖歌德,歌德对中国文化着迷,在《感伤主义的胜利》一剧中渗透了中国哲学、建筑、美学的情调,他对中国文学的评价极大地影响了欧洲人对于中国的认识。伏尔泰改编《赵氏孤儿》为成吉思汗被道义折服的五幕剧,用来宣扬孔子的学说,该剧翻译成俄文后,开拓俄国作家对中国文化的倾心追慕,其中著名的"故事"不可胜计矣。

1689年的《中俄尼布楚条约》标志着两国建立正常的外交和贸易关系,康熙允许在中国的俄罗斯人信奉其东正教,为其在东直门建"北馆",俗称"罗刹庙",俄国向北京派驻传道团,到1860年改成公使馆,俄国驻北京的传道团换班13次,155人,这些人将"四书"、《三字经》、《满州八旗通志》等译成俄文，也有为侵华而专门收集各种资料的文化特务。在俄国创建出中国学派，比英国人翟理斯更早写出《中国文学史》的是瓦西里·瓦西里耶夫，他也是许多俄国汉学家的老师。俄作家最早访华的是《奥勃洛摩夫》的作者冈察洛夫，普希金想随传道团来未果，托尔斯泰的"不以暴力抗恶"的理论有老子的思想的因素，1845年两国交换图书时，普希金、果戈理的书被收藏在北京理藩院中，无人阅读，年久散失。中国的《红楼梦》被传道团的学员当成珍宝带回了俄国，即现在所说的"列宁格勒本"。

到日本的人数是空前的，明末避难、经商的人在长崎先后建了"唐三寺"，成为传递文化、双方人士联络的场所，不仅促进了日本禅宗的振兴，也对日本的知识界大有影响，尤其在建筑、美术方面的影响，既深且大，加入日本籍的中国人及其后裔对日本的医术、书法、语言文学有持续性的贡献。《北山医案》《北山医话》成为中医的新名著。本草学则获得了长足发展，长崎自江户时代就一直是学习汉语的中心，并形成了主张汉语直读、反对和训倒读的长崎派，由于华人移民的各方面的影响，使得明清小说如《水浒传》《剪灯新话》《剪灯余话》《红楼梦》《金瓶梅》成为日本人的流行读物，并形成了日本文学界取材于中国小说的"假名草子"派，其代表性的小说就是取材于《剪灯新话》的《御伽婢子》。

明清的通俗小说对朝鲜小说的产生有直接影响，无论是题材上还是写法上都是在模仿中国小说，如《洪允成传》之于《金瓶梅》，《玉楼梦》之于《红楼梦》都是明显的步趋仿效。朝鲜的汉城与越南的河内和顺化、日本的奈良和京都一样都是在"复制"中国的北京。

随着马尼拉帆船贸易的兴旺，中国的瓷器、各种扇子、壁纸和硬木家具成了美洲上流社会的日用摆设，营造中国情调成为时髦，中国的轿子和马车、纸牌、风筝、鞭炮、礼花在18世纪进入了美洲各大城市。中国"茶文化"通过美国商船直接进入了美国的上流社会，被中国人友好地称为"花旗夷人"的美国人在鸦片战争之前对中华文明由衷地赞佩，他们认为："如果我们有幸引进中国的工艺、技艺、进步的管理以及土特产，美国终会有朝一日成为中国那样人丁兴旺的国家。"（《美国哲学学会会刊》第一卷，1771年）

可惜乾隆爷在位第二十七年，实施了"闭关"政策，中国开始与世界"隔绝"，没有了冲突，就难有新质的大文化的传播，不但科技而且政治、经济、军事均以加速度开始落后于西方，清廷的本意是想用隔离来保全祖传老例，尤其是其中的道德文化，却偏偏再也保不住了，关起门来家天下的经验和"智慧"，以为割断交流传播，就可以井水不犯河水了，他们哪知道也不想知道，传播交流业已正在使世界一体化，洋人们文戏不灵，就来武戏了，推行奴化的清廷遂陷入皇帝权杖突然失效、在洋人面前茫然无措的境地，伟大的中华文明进入了前所未有的苦难期，到处传播的是失败的信息。

四辑·心力美学

王阳明：那边会了，却来这边行履*

问：那边是哪里？那边会了什么？

答：那边是虚空、是形而上的精神加速训练之道场。会了打坐、呼吸吐纳、不动心、禅的微妙锐敏，从而能够正知正见正思维。"会"正知正见正思维了，就能够无与不行、无施不可了，因为见了自己的"本来面目（良知）"了。

问：这边干了什么？

答：直接用打坐法教学生静坐，用呼吸吐纳法创建了九声四气歌诗法，用禅的机锋开示学生，用不动心打仗。有人问他用兵有术否？他说哪有什么现成的术，就是个不动心！那人说我也能不动心，我也会用兵了。阳明笑了，犹豫了一下，还是接着说：不是有个控制心、让心不动的心，那就是两个心了。如果把心思都用到控制心不动了，咋布置打仗的事？有两个大名士，平时意气风发，听到宁王起事，茫然自失，听不见别人说话了，这叫临事而失。——而阳明先生还能作出祭文天祥的诗来，一点要面临生死考验的气氛都没有。

问：阳明到底是个什么样的人？

长得很瘦，面部表情谦和，晚年步履形态像鹤，气韵更像鹤。反应极快，说话却不急，常常在不同意的时候，先笑一笑，沉一沉，再说出自己要说的话。譬如，遇见多年不见的老朋友，过去常常辩论，朋友就赶紧翻本子找当

---

* 本文原载于《文化的力量：阳明心学100讲》，团结出版社2023年版，收入本书时有改动。

年的话头。阳明就是笑一笑、沉了沉,不急不缓地说:"吾辈此时只说自家话罢,还翻那旧本子作甚!"(束景南《王阳明散佚语录辑补》)

他是个有讲学强迫症的人,逢人便讲,有人劝他何苦这样,他说:"我如今譬如一个食馆相似,有客过此,吃与不吃,都让他一让,当有吃者。"(出处同上)

学生把他当成神,但是家里人不觉得他了不起。他的亲弟弟们、从兄弟们似乎不把他的话当回事,他过继的儿子逆反他那一套,他夫人与他脾气不和,他的夫人们之间是常规的那种不和,他好像一筹莫展,他活着没有协调好,死后立即乱成一锅粥了。他的良知万能论在皇帝、太监、阁臣、老婆、孩子那里都没有多少能为——千万不能因此否定良知学说,千万。而且他也不是一个不顾家、没有管家能力的人。他小时候过苦日子,一个塾师的孩子,跟着父亲蹭饭吃、蹭课听,受后娘的虐待,形成他一种穷苦孩子对家庭的重视感。事实上,他非常顾家、善经营治理家产,打完宁王在家建了50多间房子,他那"新建伯"府邸是相当壮观的(用俸禄盖不起来的)。只是对家人不能用谋略,或者说什么谋略也不管用,他就别无长策了。从出征思田写的家书里看,他对不服从的仆人也只有打与罚。

他肯定不是个"老好人",是"望之厉,即之温"型的。他的气场很大很重,也在接人待物上做功夫。束景南《王阳明散佚语录辑补》载:

> 一日寓寺中,有郡守见过,张燕行酒,在侍诸友弗肃。酒罢,先生曰:"诸友不用功,麻木可惧也。"诸友不达(理解),先生曰:"可问王汝止。"友就汝止问,汝止曰:"适太守行酒时,诸君良知安在?"众乃惕然。

一个俗而又俗的日常应酬,他的学生没有当回事("弗肃")。阳明火眼金睛,提到用功不用功的高度,学生觉得委屈,悟性极高的王畿点出了要害:良知安在?海德格尔说的"在""不在",就是这种"安在"之"在"——接通意义之"在场"。由此可知,良知是知良,其反义词是:麻木不仁(包括逻辑理性），但绝不是让人仔仔细细地当好小市民。

　　阳明先生曰："雄鸡终日萦萦，无超然之意。须是一刀两断，何故萦萦如此，萦萦地讨个什么？"
　　阳明先生曰："大世界不享，却要占个小蹊小径子；大人不做，却要为小儿态，惜哉！"

　　这是"过来人"语！萦萦然占个小蹊小径子更"麻木可惧"。他的强迫症是为了治疗这麻木症，是禅宗人之"老婆心切"。
　　他跟爷爷、奶奶最亲，其次是父亲，最后的亲人是他不满一岁的儿子。他在掌权的时候说我要是冤杀一人"天绝我后"。有个学生说：没有后主，我们报恩无地。他说："天地生人，自有分限。吾亦人耳，此学二千年来不意忽得真窍，已为过望。今侥幸成此功，若又得子，不太完全乎？汝不见果木哪有千叶石榴结果者？"（束景南《王阳明散佚语录辑补》）他死而不朽、战胜了时间，不是靠儿子，而是靠他的精神作品（莎士比亚说战胜时间一靠传延后代、二靠作品）。
　　他是个既坚守"情操"又能用好"情绪"的人。用好情绪需要"炼"，一靠在静观中涵濡，二靠遇事克念。他当南京鸿胪寺卿的时候给自己书斋起名静观斋，居所叫静观楼，拟楹联以自勉：

　　　　放一毫过去非静
　　　　收万物回来是观

　　谁能这样静，谁能这样观？一收一放见志气、见功力，能这样就是心学大师，不能这样就只好不是了。克念则是时时处处的功课，尤其是"事上练"，有人向皇上诬告他，他看见了底稿，勃然大怒，迅疾"克念"，平静了再看还是怒，再克念，直至看了毫无情绪为止。他出征思田前，有人介绍卖给他一处院落，地理位置各个方面都颇称心，心动欲买下来养老！转而"克念"：我喜欢，人家也会喜欢，算了。还是放不下，又克念，最后平静了，自在了。

坚守情操靠"勇"于做志士仁人（参见他作的八股文《志士仁人一节》）、靠"不偏不倚"（也参见他作的八股文《君子中立不倚》）之超拔的智量、靠淡定的担当。道德问题是智力问题——良知就是觉知。高尚情操是仁智勇三达德的合体。

他是个善良出能力来的人，因为他的善良是从那边会的！他天性突出的特征是胆大、机智，不是善良。如果他不修佛禅，他可能会成为一个海瑞式刚断的人。如果形势需要，他也会当个酷吏。修佛禅使他找到了"万物一体之仁"，官方儒学的教育已经失去了这种感染力。17岁，跟铁柱宫道士打通了"性命之学"的经脉之后，才立志学做圣人，是从性命相通的途径通过去的，他从佛禅那里亲证了"无缘大慈、同体大悲"，然后借官方儒学这个"空壳"，把自己那边会了的践履出来，才做成了单纯的儒、释、道家都做不出来的思想学说、气节功业。他是儒释道的合金，他的过人之处全在"结合"（武术术语）得好，在释道那边会了，在儒家这边行履。

在这边行履也一直未断"异人"帮助。他的塾师许璋曾教他"奇遁（奇门九遁）及武侯阵法"，宁王将叛前，让儿子给阳明送去枣、梨、豇豆、西瓜，阳明"惊悟（早离江西）"，免于被宁王劫持。最后出征思田，阳明"走璋问计，璋曰'抚之便'。卒用其言"（《光绪上虞县志校续》卷八《许璋传》）。还有九华山上的蔡蓬头、南京的尹蓬头，阳明都想跟他们学长生不老，都因阳明"贵介"、会"以勋业显"而不果。阳明虽然没有长生不老，却从他们那里学了隐逸出离心，从而拒绝诱惑、保全了气节，不管时人多么"竞奔"，他都淡定神闲、如如不动。

他胆大心细、敢临难犯险，淡定担当、奋不顾身，又能深沉曲算、沉机不露，譬如，在江西与张忠、许泰斗，每次会议先居正座；在杭州献俘虏宁王与张永，不愿意一见面跟张永握手，就先在张永的屋子旁边再开一间房，分左右摆好座几，再请张永过来相叙。

朱熹的理学依托着知识论，阳明心学把"支点"挪到工夫论上来，挪到修证心体上来。阳明来这边行履是为了完成这个挪移，把人活着的"支点"挪移到良知地带。支点挪了，人人皆可成尧舜、人人皆可成佛。这就是良知修身齐家、良知治国平天下之阳明学的基本理路。

阳明是说不尽的，是教育家、军事家、书法家、文学家，这些合成了一个思想家……明末大儒刘宗周说他发展了禅宗正统。当代人写的禅宗史有的还单列一章"阳明禅"。熟读《悟真篇》，并按照其要求做功夫的王阳明在道教史上也是个话题。

他是个心灵大师、语言大师、艺术大师，能跟边地少数民族的人、村夫村妇讲儒学，跟道士讲仙家术，跟和尚论佛法，跟画家说绘画，跟书法家论书法，跟土匪交朋友，跟山水交朋友，是个把学生当老师的大师（自言：你们以为我在教你们，其实我从你们那学得了更多。这不是谦虚，是他有过人的学习能力）。

说起他的学习能力，有一则逸事很能说明问题，黄佐《庸言》卷九载：黄佐听说王阳明推崇他，他便到绍兴来拜访正在丁父忧的阳明。与阳明"食息与俱"七日夜，阳明听到黄佐的议论好时，"即书夹注中"，"复论御狄治河，缕缕乃别，始知公（指阳明）未尝不道问学也"。阳明还把黄佐的观点写成敷文书院的对联，并向黄佐表示感谢。阳明有些喜悦地说："天下今皆悦吾言矣。"黄佐说："恐人各自有夫子。"阳明自我解嘲地笑了。黄佐见他"面色黧悴，时咽姜蜜以下痰"。一个名满天下的新建伯如此谦虚好学、一个病入膏肓的老人如此倾心学术，无论如何是令人尊敬的。

他像鹤而不是仙鹤，是一个一心经纶时务而朝圣的人，在朝圣的过程中发现"圣"不止一个（上帝不止一个），人人皆可成圣人，但谁自封圣人谁是小人。嘉靖下诏榜谕天下禁毁心学的目的就是打击这个"圣人不止一个"，这太启蒙了，太启蒙，用不了几轮，就该冒出"圣上"也可以不止一个了，还有什么比这更洪水猛兽呢？

因此，王阳明的一生是不见容于世又在俗世获得成功的一生，是官到封伯封侯却又负屈抱冤的一生，名满天下毁亦随之，他的性格也是飞扬与谦抑兼具，无日不忧亦无日不乐，一股豪气一派静气。他说良知是太虚却又主张

在喜怒哀乐的情绪波动、在家常小事本职事务里着实用功。他想以王道的心掌控霸道的力，与家庭妇女对丈夫的要求是一样一样的：既要有本事又人性脾气都很好。他想用"良知本虚，致知即是致虚"来克服私心物欲：通过对人仁从而"鉴空衡平"（明心），通过爱"仁"而显现出天良、显现出与圣人共有的良知（见性、见本来面目）。希腊的哲学是爱智，阳明心学是爱仁。或者说从孔孟到王阳明到谭嗣同的"仁学"是爱仁，这个仁能"觉悟"万物一体。

起脚于古越的阳明子，有着禹墨一脉的践履气质。这是他与章句之儒、伪道学之儒的根本差别。这个侠儒为了消解言行歧出，提出心物不二、心为根本，重新设定了人的出发点和归宿，把天理内心化、把心天理化，从而知行合一地做人做事。阳明说他的心学是"实千古圣贤相传一点真骨血"，是句朴实的良心话，也是为自己正名的辩解语。

阳明从始至终都坚持自度度人、成己成人，他认为在有良知这一点上，人人平等、人皆可以成尧舜。这个立场保证他的"无善无恶心之体"的定盘星的有效性。他的逻辑是禅宗的，与黄檗禅师在《传心法要》中说的若合符节：

> 此心明净犹如虚空，无一点相貌……佛与众生一心无异，犹如虚空无杂无坏，如大日轮照四天下；日升之时明遍天下，虚空不曾明；日没之时暗遍天下，虚空不曾暗；明暗之境自相陵夺，虚空之性廓然不变，佛及众生心亦如此。

善恶如明暗，是有变化的，虚空之性廓然不变（无善无恶心之体）。必须"逆觉"回归于明净的心体，才能获得菩提根本慧。人人都能返回心本体，都能激活内在的本源性的直觉，都能将本体与功夫打并为一，就看你肯不肯了——这就是心学被称为简易直截的起死回生之学的逻辑。"致良知"则要求把你的"良知"使唤到眼神、语调、心中想、意之动上。使你的直觉成为"哲学王"的直觉，从而提高你的生命质量、生活质量。

这是美育法：让你的判断力、想象力静静地发展，发展跟每个进步一样，是深深地从内心出来，既不能强迫，也不能催促。一切都是时至才能产生。让每个印象与情感的萌芽在自身里、在暗中、在不能言说中，不知不觉、个人理解所不能达到的地方，以深深的谦虚与忍耐去期待一个新的豁然贯通的时刻（借句里尔克《给一个青年诗人的十封信》）。

他如此这般地成功了，立德、立功、立言，"三不朽"了。

他是一个从"那边"过来的人，一个战胜了时间的人，一个把本能变成良能的人，一个把杀人的工作变成普度众生的人，一个让凡信他者皆能精神加速的人。

心实用主义*

胃统治人类的时代基本过去了，心统治人类的时代基本到来了。心想不实用也不可能，心从来都实用着，加个主义，是吁请自觉化一下。从哪个角度自觉呢，从别再一厢情愿的角度，应该像红色特工加谈判专家一样，想问题、看世界、说话、做事。

特工用感觉不玩感觉，谈判专家会妥协——风险对冲。一方面，人最大的敌人是自己；同时，也是另一方面，你要做自己的天才！特工是"有限游戏"，以一方赢为终点；谈判是"无限游戏"，不断地移动边界，妥协的结果是谁都不满意，弗洛伊德的名言：文明就是不满。程度相等的不满意就是满意。

胡适对中国学术界一个贡献是引进了美国的实用主义。五十年代遭到过围剿性的批判。当时，胡适在美国，看到对他的大批判，非常高兴，说这样年轻一代就了解我的学说了。这个态度和说法，王阳明也用过，有一次全国进士考试，考官故意讥讽心学，王阳明高兴地说："这回我的学说可以传播到穷乡僻壤了。"我就是看批胡适的书了解的实用主义，后来上研究生看了美国的实用主义，再后来又让我的研究生研究实用主义。美国的实用主义是市侩、不择手段的反义词，是有理想、有原则的。现在特意说"心"实用主义，没有与美国联手的意思。我的一个硕士生研究卡夫卡，我让他大看实用主义，尤其是皮尔士，效果非常好。现在想用心实用主义这个头衔代替李泽厚的

---

* 本文原载于《阳明心学十九讲》，故宫出版社 2018 年版，收入本书时有改动。

"实用理性"那个标签。电影《天下无贼》里的葛叔说:"我想试试。"

"意术"是最大的方法论

前面讲王阳明的艺术家的感觉什么的,都是在刻画"意术"。心学是心艺、是意术,是感觉化的思想、哲学化的艺术。具体地说是正心诚意的心艺,格物致知的意术,不能有任何僵化的想法和做法,必须在"生生之谓易"的易道上,关于意术的概念性解释,还是看2016版的《王阳明传》。

因为要讲心实用主义就不是就概念本身而论概念,而是探究它会产生什么效果。这是心实用主义的基本要求,起脚就得避免鬼打架式的经院派纠结,意术坚持这样一个信念:概念的意义来自其结果,真理的意义来自印证。应该这样为思维活动建立一种新的逻辑框架,而不能先从一个"套子"出发。

这是为了发谋出虑先有一个空灵劲。摆脱"剧本化思考"。由于思维定式根深蒂固的影响,人们的先见太多了,偏见太有力量了,很容易在俗套里面翻过来倒过去,成为模式的牺牲品。阳明是不按套路出牌的,他也因此而打仗能赢、背上"多诈"的恶谥。所谓的聪明,就是感觉对,算路深。养这个空灵劲要学庄子的《逍遥游》,就是讲一个"游"字。游击战术很有游的机动灵活和想象力,乃至理想性。魏晋美学有个亮点就是"游目"。游目包含了一种很高的空灵劲,把这个糊涂又仔细的世界空掉它,那么一种"游戏"的情怀。为什么木心说嵇康兴高采烈,嵇康就不满足任何俗套,他一定要到《广陵散》里找那个和他的情趣吻合的。非要做出或欣赏那些独到的东西,这就是感觉的质量。

感觉质量最高的境界是心物一元,要想练啊,做瑜伽、练太极都可以。把这种东方的、身体的艺术落实到感觉上,这是最好的、最快的办法。与学表演道理是一样的。真正的表演是活表演,最大程度消泯主体和客体,也是心物一元。总之要练,六艺不通、通一艺罢,有一艺上身,一艺通艺艺通。练也得从心里长出来,不能变成无情的表演。举个反表演的例子:阳明的父亲去世,办丧事,阳明刚刚哭过,歇下来,又来人吊唁,阳明如礼,别人提

示：此时该哭。阳明说："哭发于心，若以客至而始哭，则以客退而不哭矣。世人饰情行诈已久，故于父母亦然。"我说的学表演不是学"饰情行诈"的表演化活法，而是心投入"对象"上与对象同频共振的意思。这样出来的感觉就是从心里长出来的。同学们可以看看李小龙的遗著《生活的艺术家》。李小龙讲艺术、讲哲学，都是在讲"意术"。

达到意术的意，已经是"心外无事""心外无善"了。物质只是观察及对观察的描述。皮尔士说：认识的任务，是认识行动的效果，从而为行动提供信念（思维的唯一职能在于确立信念）。王阳明说得漂亮：以行求知身心好。

实用主义一度叫过实验主义。阳明一生是部实验传奇。

意术追求实验效果最大化，但没有一成不变的配方，必须具体问题具体分析，而且没有"止于至善"的时候，你一说你至善了，就掉下来了。

意术召唤"无"，保持"空灵"。人如果心中对"无"毫无感悟，满脑子都是如何占有，他就不可能拥有意术。

意术，比艺术多了宗教力，少了形式感。意术，开启你的可能性的心力。

所谓的传奇，就是没有剧本。

真理是无限游戏

当我们普遍承认实践是检验真理的唯一标准的时候，就承认了，真理并没有本本上的标准。当年有人骂与时俱进：连真理都与时俱进了还有真理吗？这些，现在已经都不是问题了。所有的"问题"都有这个特点，当时比天大，过后像扯淡。为什么？因为，文化啊、真理啊，是无限游戏，没有边界，没有上线底线，只是在跟规则、当时的边界"竞赛"，一山放过一山拦，小平同志说过：问题永远会有的。

批小平同志的"猫论"的时候，我就觉得，难道非要一种颜色的猫不管它能不能捉老鼠吗？后来，看到"宁要社会主义的草，不要资本主义的苗"的时候明白了：跟捉不捉耗子没有关系，跟我要什么有关系。我为啥提出，心实用主义包含着"谈判"呢？就是为了克服这种"墨索里尼总是有理"的那股"有理"劲。那股有理劲不但一厢情愿,而且是愚昧颟顸的一厢情愿。人们说中国一盘散沙,鲁迅说每一粒沙都是皇帝,我加一句:每一位"沙皇"都有那股有理劲,无论男女。不投入谈判意识改不了。没有"组织",一事无成!我这么说也是废话一小堆。阳明是非常善于"组织"的,所以能够推广他的学说。我借阳明学的势也推广不开心实用主义。才能,才能,我缺乏那个"能"。

我提两个点:一是真理的有用性,二是真理的游戏性。有用性其实已经被美国的"形而上学俱乐部"的实用主义者说完啦:一种观念只要能把新、旧经验联系起来,给人带来具体的利益和满意的效果就是真理。这话听着俗气,换成"真理即是善"(詹姆斯)就因含混而好接受,詹姆斯还说了一句"有用便是真理",便又会引发争论。其实,他的意思是一致的:真理是思想的有成就的活动,只要一个观念对人的生活有益,它就是真的,而且只要它是有益的,它就是善的。真理、道德都不反映现实生活的事实和规律,而是人根据自己的愿望、志向、信仰的发明和创造。道德和真理一样,只具有实用的意义,只是人应付环境的工具。当然,这也是"猫论"。

有用没用,靠实践来实验,靠经验来总结。经验既不是主观的,也不是客观的,而是超越物质和精神之对立的"纯粹经验"——心(体)!它既包括一切心理意识、主观的东西,也包括事物、事件等一切客观的东西(心外无物、心外无理),它本身没有动作与材料对象、主观和客观的原则区别和对立;经验是始基性的,主体和对象、经验和自然都是统一的经验整体中两个不同的方面,它们不能脱离经验而独立存在(心中无花,眼中无花)。经验是照妖镜。物质是观察和对观察的描述。行动优于教条,经验优于僵化的原则。概念、理论并不是世界的答案,判别它的意义和价值,是看其在实际应用中可感觉的效果,譬如药,就看吃了认不认。

说真理的游戏性,针对的是过去那种真理的剧本性。真理剧本化了当然就不再是真理了,只能是意识形态的说教,或者传销商的传销术,或者秘密教中的咒语、真言。说它的游戏性是否会滑向玩世不恭或虚无主义呢,恰恰相反,这两种东西比剧本化更是真理的敌人。真理克服它们的能力在于:符

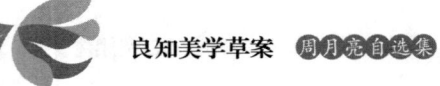

号及其共鸣。

　　游戏包含符号的运作。符号的功能包含隐喻和象征，永远指向别的地方。真理是不确定的条件下，由不确定的人"说"出来的，更是获得了多数人"共鸣"后确立的。俾斯麦说政治是可能性的艺术，我说真理是可能性的意术。意术是游戏的不是剧本的。意术是视界化的，不是以"看"而是以"看到"为界限，具有了意术的能量，每一个瞬间发现一个新的视域和一系列新的可能性，于是，永远在路上。因此，真理不是终结性的。它，是创造性活动，而不是创作性活动的制成品。包括心学，不是成品，是召唤我们共鸣的意义场。在心学家王阳明的内心中活跃诗人王阳明。说《传习录》是诗歌可以，说是概念的诗歌不太对，因为里面没有什么概念，而且反对的就是"躯壳（概念）起念"。说心学是诗学不够隆重，但大方向不差，因为诗本身含有宗教性，又不是宗教。譬如谷川雁的《天山》，它只是一种隐喻，是人的状态和人生最高境界的一种隐喻。隐喻的作用是将我们的视域转向别处，邀请我们"生活在别处"。如同，教育是邀请漂泊于陌路的人回家。

　　说真理的游戏性是突出其可能性，说它是无限游戏是突出其没有边界没有完成时。心学的"说"是种无限的"言说"。

　　心实用主义真理观这样吁请每一个人：时间的每一个瞬间都是开始，不存在一小时的时间，只有一小时的爱、一小时的学习或劳动。工作不是消费时间，而是生产可能性。时间是自由的变量！

　　让良知自由的想法、做法才是"活着的真理"。

　　孙悟空的戏永远比唐僧的戏好看，因为"以战为戏"的猴子是个无限游戏者，唐僧则以取经为目的，是在有限游戏中。阳明活在隐逸情调的时候，将时间投入游戏，从一个有限游戏者变成了一个无限游戏者。当他活在良知充满的情调中的时候，他成了一个真正的无限游戏者，因此，他的心学没有终点，只有开端。说他是启蒙大师是说他开启了活在他身后的一代又一代人的可能性。他是个传奇，不是剧本。

　　谁把心学剧本化，谁就是反心学的。按剧本化的心学培训员工，只能出奴才，不能出圣雄。开个玩笑，给阳明"加冕"：红色特工，谈判大师，游戏大师，这三个头衔，会让人有感觉吧。

史学提炼经验

经验在科学中可能无关紧要，在人文中至关重要，一头系着个人的经验，一头系着共同的经验，所谓的教育就是使天赋变成能力，这种能力是造就共通感的能力，史学是提炼经验的重镇。

汤因比将真实的历史本身叫作大写的历史，将人写的历史书叫作小写的历史。王阳明是最早提出"六经皆史"的人，六经是大写的历史的一部分，也有小写的历史的功能。这是将"神圣"也因此封闭的《经》放回到开放的"无限"的文化当中了。

旧中国的史书以《资治通鉴》类的宰相辅导材料为主流，新中国的史书则以发现阶级斗争规律的科普小人书为主流。总之，都算剧本，都有预定的结论，都是调节现实的说明书。所有的史书都有一个核心的东西，都暗含着修史者的一个追求，比如50年代的文学史吧，他有一个追求，民间文学必然胜过庙堂文学，现实主义必然胜过古典主义，他的叙述就是证明这个"理论"的，要用这个"论"来贯穿他这个史，比如爱国主义，他写这个文学史就要确立爱国主义是中国文学发展的主旋律，你爱国了，你这个作品就伟大，你不爱国，你这个作品就完蛋。中国史官文化的一个核心点，就是把他那个意识形态的功能，放在这个貌似客观、全面的历史叙述当中。为啥历史都是胜利者的历史，历史是干什么的，让你看见才看见，不让你看就看不见，历史是为了组装后人的记忆。古代欲灭一国必毁其史。二战占领国修改被占领国的历史、强令人家学自己的语言，等等，目的是什么？扼制你的生成能力——改变你的文化。

文化即传统！史学的重要性在提炼"经验"。譬如，为什么司马迁的《史记》那么高明？就在于他能把一个人的经历变成"人生一般问题"，就是变成了有共通感的"经验"，例如"李广难封"成了感染力极强的语典。许多怀才不遇的人都会来一番关联性解读。还有《屈原列传》，屈原成了"信而见疑，

忠而被谤"的"品牌",一直到当代文学依然有"屈原情结"。经验是在文化中生成的,也生成着文化。

心实用主义致力于获得关于真理的"经验"。诸如艺术真理的经验,美学真理的经验,史学真理的经验。从"一次性"中建构普遍性,引导建构共同性的"理解"。人文世界没有靠确定性、重复率支撑的"规律",只有经验的共通感。共通感使感觉具有了理性才具有的普遍性,把理性能力熔铸到感觉中,在感觉的层面保证我们的感觉经验具有普遍性。

不能再把经验和理性对立起来了,经验中就包含着理性因素。经验无须先天范畴来综合,因为它本身就包含着联系和组织的原则;理性是在经验内部对经验的理智的驾驭,是控制和调节有机体同环境交互作用的反应机能,它调节旧经验与新刺激的关系,以便更好地适应环境。理性是经验的组成部分。阳明学可以成为我们的经验,必须成为我们的经验才对我们的心"有用"。如果只是会从网上抄几句话,那只能对讲课之类的"嘴"有用。

西方的人性论,从文艺复兴前突出的是神性、文艺复兴开始突出欲望,启蒙思潮后则是突出理性,中国的天理人欲之辨一气贯穿,积累了丰厚的纸上的、活着的"话头",心学破土而出,突出天理人欲不二法门的"心"统治论,真善美自循环,这种生活方式的学问,将神性、动物性、理性"一勺烩",端看"念头"如何。心学里面的意牧念头就是在"提炼经验",擦亮你的心镜。切记:经验不是知识。不能像知识一样传授积累。譬如,意术应该像教武术一样训练,它在一个场里生成,靠潜意识的积淀。要说知识也是感觉化的知识,跟鉴别古董似的一看,一掌眼,就知道是不是旧的。经验,就是这个意义上的"照妖镜"。

过去常说的经验主义是重复思维,固化了,毛主席说过经验主义害死人,那种经验主义是我说的经验的敌人。这个差别就像人和大猩猩的基因只差2%,那98%是一样的,就差那一小点,就那一小点使人和它们不一样。从生理上,我们有这个足弓,脚背上那根骨头,有这根骨头,人就能站立。心实用主义的历史观就是要建立这个足弓。怎么建立呢?就是确立心的"经验"。从有限游戏走向无限游戏,拒绝任何剧本,连王阳明提供的剧本也不要。首先是不要重复，不做他做过的，其次是他在这个侧面，从无限回缩到了有限，可以成为反面教员了。学习心学就要学习双向性转化。如果推荐一本好的历史书，《人类简史》站得高看得远，他完全是上帝视角，不关乎我们具体人的喜怒哀乐，把人类的历史写那么薄的一本书。这是种高超的俯瞰的写法，走出了有限，进入了无限，就能够创新了。

王阳明的乌托邦追求引向了专制和反智，用意识形态代替了"谈判"，企图用一般圣人的核心概念来概括社会历史问题，尽管他强调不同时代有不同要求，尧舜不能吃周公的饭，周公不能吃孔子的饭，但他主张用减法解决思想文化问题，学孔子删六经，秦始皇焚书也没错，错在出以私意。这就必然退回到封闭的有限游戏里，用一种时代永恒论扫平天下，跟卢梭反对建立歌剧院差不多，卢梭的朋友反问卢梭：我们是不是还该爬着走路啊？

但是，良知不会让我们在地上爬，良知是坚持人是人的最高本质的，是让人自由解放的。阳明的伦理是按忠孝之伦来论理的，是缩回有限的东西，良知本身是无限的。"心"的经验只能靠意术来炼成，转换"有限"为"无限"是个前提，是第一步。取消一般的社会历史理论，包括忠孝天经地义那一套，代之以对具体的社会历史事件的研究，探索应付这些事件的具体的行为方法，就可以得自由。

人有情感、意志和智慧，他按照自己的意志利用环境，使环境发生有利于人生的变化。因此，人同环境交互作用所形成的经验，不是单纯记忆性的知识，而是活动的、实验的，是由现在伸向未来的过程，是利用过去的经验、变更现有的东西、建设未来的更好的经验。——这样说话的詹姆斯是可以融入心实用主义的。阳明突出诚意为先，有突出"情"在经验中的核心地位的意思。有情来下种，情的种子功能相当强大。西方有谚语：记忆是保持情操的严师。

道德是种智慧

雷锋最天才的一句话是："人的生命是有限的，可是为人民服务是无限

良知美学草案 周月亮自选集

的，我要把有限的生命投入到无限的为人民服务之中去。"天才在把有限转变成了无限，于是死而不朽。许多人只有"我"就有限得可怜了，雷锋无我反而无限了。佛教逻辑"破我成佛"的逻辑被一个共产主义的战士给验证了。说雷锋道德高尚是从结果上说的，原因在于雷锋"觉悟"了。觉悟是大智慧。把有限变无限是大智慧也是大道德。

雷锋精神是个性自由出来的，是从他心里长出来的，他做的一切不但都是自愿的，而且都是"非如此不可"的——良心就是这种操心强迫症！雷锋是良心的人格代表，有此一个"标签"，雷锋就虽然死了却永远活着。标签是小偷唯一不能偷走的东西。贪婪是个贬义词，但是说雷锋出车回来，营房已经熄灯，他找到亮着灯的炊事班，捧着《毛选》"贪婪地读起来"，就特别传神。他这种贪婪也是智慧。他感冒去帮助工人推砖一出汗感冒好了也是智慧。这样说好像搞笑，其实可以以小见大。

德勒兹有本《哲学与权力的谈判》，说出了哲学的本质。人们相互交流都是在谈判，只是并不都生死攸关。权力是蔑视谈判的，希特勒的名言之一：合约只不过是一张废纸。王阳明是谈判高手，跟朝廷谈判便捉襟见肘。因为朝廷是游戏的主动方，阳明是被动方。朝廷是流氓，阳明是良心。

阳明留下的精彩段子多一半都是在展现他谈判的机锋。禅宗公案都是我说的谈判智慧。阳明的教学都是谈判——通过理性的交流影响感性，通过感性的交流影响理性。你憋着一脑门子问题来了，他先让你去唱歌。唱完歌儿了，问题基本解决了。阳明见王艮，王艮折服。阳明让贼脱上衣，非常利索地脱了。阳明说天这么热，把裤子也脱了吧。贼便忸怩起来。阳明说你心里也有良知啊。可以讲半天的是《告谕浰头巢贼》：若骂你们是强盗，你们必然发怒，这说明你们以此为耻。若抢夺你们的财物妻子，你们也必愤恨报复，但是你们为什么又强加于人呢？你们当初或为官府所逼，或为大户所侵，一时错起念头，生人寻死路要走便走。现在我要你们死人寻生路，反而不敢？底下还有，你们辛苦为贼，所得亦不多，我对"新民"的安置有多么好等等。你们要继续为恶，我不杀你们对不起那些被你们侵掠的良民百姓！——是一封情真意切的大情书！这颗精神炮弹，具有神效，直接感动卢珂等酋长率部投诚。比港台片的谈判专家"好看"多了。

谈判靠"经验"。经验把价值与事实、心与物、主观与客观完全统一起来，道德也同样具有经验的性质，善、恶都是人类经验之事。詹姆斯说，除了个人意见之外，事物根本没有任何道德特性，个人的心是一切事物的尺度。道德是生物应付环境的一种活动，道德是个人在应付环境的活动中所产生的主观感觉和主观经验。

在人的日常生活中，只有当人处在疑难的境地，并需要在各种价值不同的决定中选择时，才会出现道德境遇、产生道德问题。西方早就有了境遇伦理学来做专门探讨。道德理论只能从每个具体的道德境遇中产生出来，而且任何道德理论也只是行为的计划和假设，是个人应付具体情境的临时措施——或者是自己和自己谈判，或者和对手谈判。谈判是道德与智慧的对冲。只讲道德，会夏天穿棉袄；只讲智慧，会遍地风流。一厢情愿是高估人性、心存侥幸的根源，毛泽东嘲笑"三人团"靠一厢情愿打仗，真是一针见血。

《未来简史》不讲道德，只讲"算法"，人性就是算法。因此，智能人将取代现在的人类。这不是智慧彻底地代替了道德，因为智能人不再是"人"了。卡夫卡当年悲哀地警示世人："世界上很快就只有成批生产的机器人了。"因为，拔根的事情，我们每个人都做过。

良知美学论纲*

美学的意义应该生命化，中华心学是复兴中华美学的源头活水，因为：良心即美，美在良知。

一个人的直觉与美学大道理的共同性是同构的。存在与心是同构的。

美学和美也因此而同构了。

生存论美学

海德格尔认为：西方哲学从亚里士多德以后背弃了"思"的生存论底蕴，用"是"代替了"存在"，走上了逻辑化的偏瘫之路：理性畸形突出、本质论覆盖了一切，直到弄出了个科技吃人的现代、后现代。而海德格尔的哲学追求是与中国的老子、孔子、孟子、王阳明这一系的中华哲学正脉的追求目标相一致的。不是用海德格尔来给中华哲学标价，而是说东西两股哲学之流终于汇到一起了。良知美学"召唤"我们来安身立命。

中国素有无美学的恶谥，尤其是五四运动以后。新中国成立以后用西学之学科化的眼光打量没有概念体系的中学，中学不得不陷入"失语"的窘境。岂但没有美学，老黑格尔甚至说中国的思维还在原始思维阶段，中学是哲学思想上的侏儒，是没有经过概念化的、还停留在无规定性的、最浅薄的思想。现在现象学运动送走了黑格尔，迎入了中国哲学——从柏拉图到黑格尔都走

---

* 本文原载于《文化的力量：阳明心学100讲》，团结出版社2023年版，收入本书时有改动。

入了"定义法"的洞穴，遗忘了存在；只有中学是存在学——连讲究逻辑实证的罗素也说每个中国人都是哲学家。中学是存在之"思"，不是西方那种知识论的"学"。所以我们可以放胆地说：中国没有西方那种概念体系的美学，但中国的"诗性的思"就是美学。再重复一遍，在科学处于霸权的时代，连中国人都认为中国的思维是未经过"概念化"洗礼的原始思维、混沌思维，现在看来却正是保持了"思性""诗性"的思维。也就是说，西方以反科学的姿态才能重建的"诗性""思性"，我们这里天然便是。在科学上是损失，在美学上却是正道。

众所周知，关于美的本质从根本上说，无非是美在主观和美在客观两大类，一部《西方美学史》是一部美在主观和客观"打摆子"的历史，因为它们总是在主客二分的"大盘"上进行博弈，忽而主主观者领潮，忽而主客观者当行，但有一个基调就是都有着"客观普遍性"这样一个维度。柏拉图主张美在理式，是唯心的，但他的理式是在追摹客观性和普遍有效性。亚里士多德之美在事物的形式，本身就是唯物的。到普罗丁的美是太一（神）放射的光辉，虽是唯心的，但还有个太一在。托马斯·阿奎那的美在和谐、完整和光明，也是有个普遍性在。到了近代，英国经验主义的美学成了标志性的大盘，美的中心汇到了感性上来，才有了鲍姆加登的"感性学"（美学）。但中华美学一直是"情本体"的（李泽厚），从孔子的仁到王阳明的良知、龚自珍的心力一直都是感性学！

意识是种网络通道。现象学花费了巨大的努力才勉强在"意识形式"上解构了主客对立，但中国哲学不仅在意识层面，而且在生存的全部丰富性上都从未分离过。当然，原始层次的言语混同以及大面积的糊涂不是美学，毋庸讳言，这是中国"思性"的下限，是需要经过艺术、美学来提升为"心学"的简单初始的"中国心"。而中华心学是使这种中国心提升到哲学层面，达到艺术化境以应对生存难题的人生哲学——美学化的人生哲学。

在举目皆是"广告"、充分物质化的社会中，普天之下除了人的"本心""本性"，还有什么是属于生命本身的？还有什么是关怀生命本身的？良知美学只想揭示出一个人与人、人与世界相互对待、相互造就的构成原则。

一种看待人生世界的纯善方式。

古代心力美学概要

中国所有的文史哲经典都是美学化的。中国无"美学"但中国的哲思本身就是美学化的，文史著作都是美学读物，与实证的思维方式相反，中国人的思维方式就是美学式的，中国人的"文章"也与西方实证化的科研论文不同。比如儒释道三教共宗的经典《周易》全部的言说都是神秘的"意见"，信之则极高明而道中庸，可应用于任何实际问题，不信则是废话一堆。对它的解读事实上也是审美化的——悟到什么算什么。对《周易》最早也是最权威的解释，《说卦传》这样展开论证："昔者圣人之作《易》也，将以顺性命之理。是以立天之道曰阴与阳，立地之道曰柔与刚，立人之道曰仁与义。兼三才而两之，故《易》六画而成卦。"这像"石头不能做枕头，汉人不能做朋友"的少数民族谚语一样，用的是隐喻加类比的推理，这些论证是"思议"[①]化的、美学式的。

这种论而不议、议而不辩的"当然推理"是中国哲人的一项自觉坚持，《周易·系辞传》开宗明义地说："易则易知，简则易从；易知则有亲，易从则有功。"这是儒释道三家共同的习性、相互结合以后更坚定的习性，可以引两句阮籍在《达庄论》中的话以概其余："夫别言者，怀道之谈也；折辩者，毁德之端也；气分者，一身之疾也；二心者，万物之患也。"从外延的角度说则有无法究尽的例证，如"二十四史皆小说"、戏剧与八股文原则相通（都是代言体）、《史记》的公羊学写法。王夫之的《读〈通鉴〉论》则是心学化的史学批评，尽管他最反对阳明心学尤其是左派王学。一部中国学史都是辅证，追求义理的美学式思维贯穿于所有中华典籍之中。至于《乐记》《毛诗序》《文心雕龙》《沧浪诗话》《原诗》《艺概》一系列正规美学著作，一律讲究"心性通天"，"应目会心"则是早期美学史一类论著反复言说了的常识。

[①] 金岳霖. 论道[M]. 北京：商务印书馆，1987.

从内涵和外延相互结合的角度，解说中华文化的第一命题——周公孔孟之道的核心"礼"——就是"心力美学"的样板。王国维在《殷周制度论》中深切地论证了周公制礼的核心是为万世开太平。关于礼的研究已经汗牛充栋，与我们现在的论题相关，也是礼的真正的定义应当是——具有内心价值感的、行为优雅的艺术，这个内心的价值感来源于生活在现实世界之中又超然于现实世界之上的艺术化的形而上体验，放大到群体则表现为人类社会秩序以及形成这种秩序的哲学，简言之，就是社会秩序的精神构造。笼统地说，这的确是按照"美的规律"来塑造的。最关键的是知行合一、自我与对象是一体，当然也的确无法概念化——在黑格尔看来这是侏儒，在海德格尔看来这是巨人，在我们看来这既非侏儒也非巨人而只是个"平常心"。罗素说每个中国人都是哲学家，大概也是如此。

孔子言"仁"只是"己欲立而立人，己欲达而达人"，要求自己与他人相互构成。自觉的言说方式则是"能近取譬，可谓仁之方也已"。达仁的方式（道：既是本体的又是方法的道路，叫作思的存在）在于"知之、乐之、好之"，如果好德如好色一样，则"我欲仁，斯仁至矣"。这是个自己成为自己的问题，是个永远不会过时的自由即责任的问题。还有从夫妇说阴阳的宇宙论，等等，都是"言近旨远"的隐喻式的，是"其名也小其指类也大"的意会法。总之，是要用精神超越平凡的日常性、超越实用性和定义概念的界限，而且由于礼的艺术将精神和肉体一起带入了行动的世界，所以还能超越或者说突破意识的界限，人那独立的精神基本上就获得了自由，完成了从现实世界解放出来的生命目的。康有为在万木草堂讲学，将孔子的"兴于诗，立于礼，游于艺，成于乐"列为教育原则和教学大纲，使得这种理路在近代获得了再生性的传承。这个理路，简括地说就是：在诗意的召唤中突破定义的界限而振奋，在"礼"这一优雅的行为艺术中获得真实的存在，在艺术乃至技术的"工作"中徜徉，最后在音乐中获得精神独立。这显然是以美育为中心的教育原则，西方人说中国人格的最高理想——君子——其实是个"艺术品"，虽语含讥诮，却也一语中的。

貌似离经叛道的"风流"一系人物则更是心力美学的"典型"，如宗白华在《晋人之美》一文中所"表彰"者。再后的"闻人"如李白、李贽、曹雪芹，无须细论只要一想他们的人生姿态与基本工作就可了然。他们是在传统已经板结的情况下发展了传统的异端。诚如鲁迅说嵇康的"越名教而任自然"是要真名教，是在反对种种形式主义所包裹的假冒伪劣的名教。

嵇康在《释私论》中说："夫称君子者，心无措乎是非，而行不违乎道者也。何以言之？夫气静神虚者，心不存乎矜尚；体亮心达者，情不系于所欲。矜尚不存乎心，故能越名教而任自然；情不系于所欲，故能审贵贱而通物情。物情顺通，故大道无违；越名任心，故是非无措也。"这是心学的一个重要维度，必须坚持心之本体的清净，才能找回自性，"任心"是一种冒险也是一种解放。"任心"的本质是抓住本质，而不是不要本质；体亮心达、物情顺通才能与"大道无违"。"心无措乎是非"是为了"行不违乎道"。其间的关系用酸词说正是：极其原子又极其共同体。

以儒释道三教共宗的《周易》为开端、被世代层累的心学，是这样一个开放体系：当然是以孔子为大宗，同时也囊括了老子、庄子的道家及禅宗释家之真骨血的中国智慧，在儒学这个主轴上孔孟是第一重镇，公羊学是第二环节，欧阳修、范仲淹的"以天下为己任"之士大夫"气节"是普及全社会的第三个创化阶段（包含张载的"为天地立心，为生民立命，为往圣继绝学，为万世开太平"），然后理学主要是朱子的晚年定论。到了阳明心学之集大成，也达到了空前的高度。孔子是集夏、商、周三代文教之精粹，王阳明是集孔孟、公羊、宋儒之精粹，都是"创造性地转化了传统"。这条矿脉不能为漫长停滞的君主制负责，让"学"来为"政"负责是唯心史观。事实上是君主极权政体限制了、压抑了、扭曲了、宰制了这条学脉。如荀子那管理学式的儒学，公孙弘、孙叔通秘书学式的儒学，还有董仲舒本人没占到便宜却落下话柄的官方意识形态的儒学，在元朝才官学化，却因融入了教育体制而发挥了"决定作用"的程朱理学——决定上述成为官方儒学从而发挥了所谓"主流"作用的真正原因是皇权的需要。从孔子到王阳明的心学不在这一系上，他们是士子儒学，"照顾"的是每个人的心，是走"修、齐、治、平"之正路的，从而始终是边缘，是"未尝一日行乎天壤之间"（朱熹语）的心中之学、良心学。在今日若再不得以行天下，则真成了乌托邦的学问，而失去了其在"百姓日用"中见道的功能，就不再是智慧状态的东西，而只是少数专家的课题了——这当然是"愿望论证"，但产生这种愿望的原因是赶上了"文化自信"的好年头。

心力美学即良知美学

礼—心、心—礼这一框架是将伦理学变成美学的知行合一的行为艺术。生活与艺术一体化，既是心学追求的目标，也是"后现代"的普遍心理需求。但心学与后现代的不同在于：它不主张被生活湮没，而是要领导生活；它追求的是既有感性又超越感性的"思"，是"因势利导"本能从而建立"类似本能"的思想。

通过康有为、梁启超、孙中山、蒋介石、毛泽东影响了中国近现代历史的阳明心学，无疑是心力美学最深切著名又有操作实效的显例。阳明心学是围绕着"我"而展开的，高明者可以心性通天，中下者能当个干净的自在汉。这倒与后现代的自我中心、生活艺术化若合符节，只是比后现代多出了可以与"天"合一的维度，从而可以为当代青年提供一条"无极而太极"的心路。

简约地说，心学那种先觉觉后觉、精英化大众的路线今天基本收缩为"自度"了，虽然是"自"却是"度"，而不是"唯享受"，还是要"造命"的。王艮提出"大人造命""我命虽在天，造命即由我"。龚自珍的"自我"与"心力"豪杰、大心之士，都是近代"革命"心志的道德、哲学基础，到了鲁迅被叫作"精神界之战士"。当今虽然还该呼吁"精神界之战士安在"，但在信息化的社会中还是提"创造的少数"较易广为接受。心学能够构成当前有效"语境"的问题是：社会电脑化了，心学是人脑的"电源"，良心是共振板。无论怎么受后现代思潮影响，凡是人，都有人心。谁也不想成为"空心人"。

放大点儿说：人心是杆秤，所谓秤就是坐标。犹如人民英雄纪念碑是大会堂与历史博物馆这座历史天平的秤杆。良知是历史与伦理、事实与价值这个常规二分法的"秤",良心是人类行为的秤砣。良知是人性的共同性,是每个人天然具有的。尽管心体依然是"如如不动",良知本身不曾减损,但还是容易被良知以外的东西包括主体的功利计较遮蔽,并且外在的东西都是通过自己遮蔽了自己的良知。所谓功利计较其实是将社会化的东西换算成了心理内容,从而陷入"生活不是缺少美而是缺少发现"的自我坑害当中。救治之道最现成的就是用减法去蔽,最完整的是用致良知的方式来获得美。道家的"损之又损"也是种减法,并通过减法而使"道成为能够移动一切而成道之道路"。

当代人都在不遗余力地寻求快乐,追求快感、抹杀美感是新新人类的"酷"姿态,但不妨听听阳明大师怎样论述快乐:"乐是心之本体。虽不同于七情之乐,而亦不外于七情之乐。虽则圣贤别有真乐,而亦常人之所同有,但常人有之而不自知,反自求许多忧苦,自加迷弃。虽在忧苦迷弃之中,而此乐又未尝不存。但一念开明,反身而诚,则即此而在矣。"① 乐和美的根源就在人本身。人是天地之心,心是人的主宰。

再放开点儿说:"一切熟悉的东西都被遮蔽了。因此,理解艺术品向我们诉说的内容就是一种自我遭遇。"② 这个"自我遭遇"的发现是了不起的。其实我们生活在表达、发现和理解中——人类是生活在修辞中的,而一切修辞(表达及理解)都是个"自我遭遇"。

所谓美,是人的那一半,这个"那一半"是说,爱就是找到了那一半的那个"一半"。这个美、一半,如同伽达默尔说象征(象征:古希腊原初的意义是"结合",另一半信物就是象征)——是一半符契与另一半符契的吻合。决定美的深意的是要求重新被认识、重新愈合的信息。其实"美",就是现象学意义上的"精神":携带着向未来开放的视野和不可重复的记忆、期待而前进。期待什么?期待与另一半的会师,找到真我。所有寻找自我、实现本质,乃至人的本质力量的对象化,都是在刻画"致良知就美"的意义和过程。

---

① 王阳明.传习录[M].南昌:江西人民出版社,2016:179.
② 加达默尔.哲学解释学[M].夏镇平,宋建平,译.上海:上海译文出版社,1994:102.

艺术的意义在于使精神升华，在于刺激良知的觉醒，美的本质性功能是使良知超越功利计较与肉体欲望，从而超越现实世界。美感是超越现存状态的精神起点，也是超越思维的实际状态。它既是个人的又是形而上的，它与良知是一体的，但美常有而良知需要美的唤醒、美的召唤。因为良知的发用往往伴随着生死抉择，而美的发用则生命愉悦。

　　良知是人人本然具有的，本来是可以自然发现的，只因被各种非、反良知的因素遮蔽、笼罩了，如同眼睛是明亮的却患了近视、远视、白内障等，善根断尽的人算是彻底失明了。还是王阳明说得透辟："心者，身之主也。而心之虚灵明觉，即所谓本然之良知也。其虚灵明觉之良知应感而动者，谓之意。"① 无善无恶是心之体，有善有恶是意之动。而且良知是"一个即所有"的"本体"，这个"本体"之外不再有本体，也没有上帝或绝对理念什么的，从而美也不是什么绝对理念的感性显现，只是良知的发露、良知的显现、良知的感应。对于讲究认识论美学的人来说，良知美学的说法是："一节之知即全体之知，全体之知即一节之知，总是一个本体。"②"仁、义、礼、智也是表德。性一而已，自其形体也，谓之天；主宰也，谓之帝；流行也，谓之命；赋于人也，谓之性；主于身也，谓之心。心之发也，遇父便谓之孝，遇君便谓之忠，自此以往，名至于无穷，只一性而已。"③ 这至少在思辨的逻辑上是彻底地坚持了心力、良知本体一元论的。有趣的是，四百年后当代大儒熊十力在经受了西学的巨大冲击以后，几乎原封不动地重申了王阳明这个心学原理："本心即万化实体，而随意差别，则有多名：以其无声无臭，冲寂之至，则名为天；以其为吾人所以生之理，则名为性；以其主乎吾身，则谓之心；以其秩然备诸众理，则名为理；以其生生不容已，则名为仁；以其照体独立，则名为知；以其涵备万德，故名明德。""阳明之良知即本心，亦即明德。"④ 熊十力是从用上讲体，从用的角度贯彻了心学"体用不二"的原则。体用不二是中

---

① 王阳明.传习录[M].南昌：江西人民出版社，2016：130.
② 王阳明.传习录[M].南昌：江西人民出版社，2016：243.
③ 王阳明.传习录[M].南昌：江西人民出版社，2016：43.
④ 熊十力.读经示要·卷一[M].上海：正中书局，1949：37.

国之"中道"原则的方法论上的体现，辅证还有佛教中观宗"八不"：不生不灭、不常不断、不一不异、不来不去。

良知美学的大致模样是：

1. 以良知为支点的共同人性论的美学本体论；
2. 以气的宇宙观（中国哲学的宇宙观）为支点的形式叫整体审美学；
3. 言意象道四层面的解释学；
4. 圆而神的悟觉思维。

这些现在只能口号化地提出，展开论述俟之专书了。

美在良知

美是良知的呼唤。无论通过何种方式，良知总会给出某种可领会的东西。

美是存在论的，不是认识论的。不是定义法能够解决的，而是要用生成法来体悟组建的。美学的难题在于美不是一个实体而又寓于一个实体之中。美的哲学之类都是为了解决美乃"虚体"而又实在的问题。[①]但是概念的方法只能解决表层问题，包括上面这个小标题。这种概念化的方法用王阳明的话说就是"躯壳起念"。

可以超越概念局限的是直觉。直觉是不同于简单的感受，是超越概念的对客体本真的提示和主体的解放（这是针对主体客体二分而讲统一的，心学则否定二分本身）的良知的能量、能力。[②]直觉的胜利，原先重在诗歌、美术，有了电影以后则以电影为最佳，影视以视觉形象直接揭示生存感觉，以越具体越有普遍性的意象征服观众（这是"无极而太极"的一种表现形式）。如《罗生门》，黑泽明不懂那些让理论家说得玄乎的东西，但的确揭示出了许多意味。再如《地下》揭示集权体制及其意识形态胜过多少论文。在提倡"肉身写作"的今天，美学事实上变成了心学：无标准而合标准。无标准是指

---

① 刘梦溪. 金岳霖卷 [M]. 石家庄：河北教育出版社，1996：16.
② 谢林. 先验唯心论体系 [M]. 梁志学，石泉，译. 北京：商务印书馆，1976.

新生代蔑视来自传统或流行的权威,合标准是说其毕竟还是在揭示共同人性。美的本质本是反体制的,但又如康德所言具有无目的的合目的性。过去的理论美学已成了美和美感的桎梏,已变成关于美的知识的美学,已以学科化的姿态成了"体制",而美本身不是知识,是活脱脱的存在,具有先概念、超概念的意蕴。从"美是人的本质力量对象化"的马克思主义哲学角度说,良知是人的本质力量,所谓"对象化"就是良知投射于事事物物,用王阳明的话说就是"致吾心良知之天理于事事物物":

  吾心之良知,即所谓天理也。致吾心良知之天理于事事物物,则事事物物皆得其理矣。致吾心之良知者,致知也。事事物物皆得理者,格物也。是合心与理而为一也者也。
  尔那一点良知,是尔自家底准则。尔意念着处,他是便知是,非便知非,更瞒他一些不得。尔只不要欺他,实实落落,依着他做去,善便存,恶便去,他这里何等稳当快乐!此便是格物的真诀,致知的实功。若不靠着这些真机,如何去格物?
  虚灵不昧,众理具而万事出。心外无理,心外无事。
  性无不善,故知无不良。良知即是未发之中,即是廓然大公寂然不动之本体,人人之所同具者也。但不能不昏蔽于物欲,故须学以去其昏蔽。然于良知之本体,初不能有加损于毫末也。知无不良,而中寂大公未能全者,是昏蔽之未尽去,而存之未纯耳。体即良知之体,用即良知之用,宁复有超然于体用之外者乎?①

王阳明给纷繁的"人—事"建立了一种目的论式的"框架",所有的心力能量、实践活动,乃至检验善恶是非的标准一统于"良知",这当然也是包含美的所有问题的,这种论证方式使美学的动词思维一目了然:"致良知"就是"造命""造美",性无不善、知无不良就等于说良知就是美。良知是体用不

---

① 王阳明. 传习录[M]. 南昌:江西人民出版社,2016:126.

二的、美是体用不二的，世上的假、恶、丑只是因为"昏蔽"暂时蒙住了良知。于良知丝毫无损，一旦去掉昏蔽就"虚灵不昧"，就"众理具而万事出"，就美好起来。美学是干什么的？应该是"学以去其昏蔽"的，对于常人来说，活得"不欺心""实实落落"的，就是美了。这是"土"得掉渣的美学，也是实得双脚踩在大地上的美学。

王阳明的话是"一即所有"式的，这种"一元化"是种宗教语式，自然是非分析、非实证的"概念的诗歌"，也可视为"不坏假名，而演实相"的比量智慧，但还是以真理为根据的价值判断，因而还是有理论意义的，绝不是时下流行的主观趣味的无聊争辩，也不是以主观性为根据从而反倒使主体失去了更多自由的那种主体哲学，它的辩证法是有个定盘星的：人的本质是"无"——不是没有，而是无限；良知是体用不二的能够落实到直觉上的人性的根据。良知这种心力是人之所以为人的本质力量，是人世间美的源泉，也是人类造美和审美的能力之源泉。但绝不是专制色彩的伦理本质主义，这种本质主义是反良知的，是以良知（道德）的名义遮蔽了良知的强权的伪装。更不是以多数压迫少数的约定论、相对主义的多元论（这两样在现代社会中以虚伪且更具欺骗性的方式使生活沦为各种意识形态的官僚主义操作，从而遮蔽了存在）。王阳明的思路最简单地说就是用你的所能战胜你的不能，就是最直接的"与自我相遇"，就像看见"床前明月光"，于是就举头、低头、"寻寻觅觅"，寻找那"另一半"，这是致良知也是在"造美"。

王阳明良知美学的大意被没有读过他书的海德格尔在《存在与时间》等著作中用德语说得更"人生哲学"些：常人（良知被遮蔽的人）总是已经从"此在"那里取走了对那种种存在的可能性的掌握。常人悄悄地卸除了明确选择这些可能性的责任。要在已丧失于常人之中找到自己，它就得在它本真的状态中被"显示"给它自己。这个寻找与显示乃是"良知的呻吟"。

良知作为此在的现象不是摆在那里的、偶尔现成在手的事实。它只存在于此在的存在方式中，它只同实际生存一道并在实际生存中才作为"实情"宣泄出来（这个实情犹如佛说的"真相"）。自我往往因为陷入"在手边"的模式成为当前的牺牲品而失落了自身。良知作为真实的自我，把失落于"他们"之中的自我"召回"。良知是如何自处的意识。在日常生活中人们要求对良知的事实性及其声音的合法性提供归纳的经验证明，都根源于在存在论上倒置了良知现象。对良知更深入的分析揭露为呼唤。呼唤是话语的一种样式。流俗的良知解释是把良知当成了概念。而良知只是一种能直觉本能的仁。

敬、静下来（"夙夜"）打断常人的无聊、闲谈、好奇、两可的噪声，而倾听自我内心的感受，接受一种无容无聊好奇立足的招引。"以这种方式呼唤而令人有所领会的东西即是良知。"把良知的特征描述为呼声绝非电影一种形容，而是揭示一种状态，因为声音是非本质的（心印、信仰），声音是供人领会的意思。呼声由近及远，唯欲回归者闻之（神学与现象学是不同的）。对呼声的感应就是常说的顿悟。

良知向召唤所及者呼唤了什么？严格说来——无。呼声什么也没有说出，没有给出任何关于世间事物的讯息。没有任何东西可能讲述。呼声不付诸言辞。良知从丧失于常人的境况中唤醒此在本身。良知是这种操心的呼声。致良知就是海德格尔说的"决心""强行"。海德格尔也论述过"行"已经是"知"的一种形式，"知"又渗透于"行"中。

众所周知，海德格尔这一系列说法都是为了让人诗意地栖居在大地上，而能感受到诗性地活着就是人生之大美。

美感就是这种生存的意义感，是类似本能的快感。

美感的本质在于精神胜利，美学应该是引领精神胜利法的学说、体系。

精神胜利法的核心是一种在"游戏"当中找到"象征"意义与"节日"感，从而有一种浪漫的诗意、形而上的乌托邦的价值感。

游戏，是哲学级别的大字眼，游戏的本质是超越，是艺术作品本身的存在方式。游戏的自我表现性、自我重复的运动特性；无目的性和自动性；自律性和同一性特征为艺术作品的本体论确立了基础。游戏是种创造物，是一个意义整体，与每一个观众相遇产生出新的意义。心学的"无善无恶心之体"就是一种哲学级别的游戏立场——无立场，从而"物各赋物"，随机地以任何"物种的尺度"来"造型""造美"。

美，由瞬间的感受铸成永恒的存在。恰如闻一多的那"一句话"说出来就是火。无论是自然美、社会美、艺术美（这个分法相当糟糕，姑且沿用而已）都是一种向思想和情感发出的呼唤，受众恰好回应着与它的应答，好像一块"共振板"。良知就是这种共振板。这种共振板的极致就是"节日"：在同一时间里在场的人获得了巨大的共同性，每个瞬间都是实现了的，那份沉醉把一切人融为一个整体（显例如胡风在新中国成立国庆时的诗篇《时间开始了》）。庆典礼仪是中国这个礼教大国运用"节日感"进行教化的日常而强有力的方式。

从个体的发生学角度说，良知与胡塞尔的"生活世界"相互发生：都是返回童心，返回"镜像期"之前的那个心灵状态。并由此出发"知行合一"、知取合一（墨子说瞎子知黑白不能取黑白之物）。好德好色合一，由"未发之中"到"发而中节"。

从生存化的实际生活的角度说：良心，就是唤醒忧心。如同爱是一种淡淡的忧伤，美是一种淡淡的乡愁——人要回家的心肠。人的忧心基本上是朝向未来的，乡愁的"珍惜"意绪是人类美感的基地。

美不仅是善的象征，也是真的显示。真理在原初的意义上就是使事物变得可以理解和没有遮蔽的行动。揭示状态和去蔽状态是一种"致良知"的夺取和打捞，是"造美"以唤起忧心、引起"操心"，以免它重新被遮蔽。美致良知是真、善、美、慧一体化的生存方式、思维方式。就连死也是一种透视，就像绘画透视向一个消失的点汇聚那样。因此，对于此在来说，死是组织全部生活可能性的统一点。此在通过"环顾寻视"的实践眼光展开他的世界。良知作为本真的自我，把失落在"他们"当中的自己召唤回家。有点儿像超我，但又是肉身的，超越理念的。良知是对如何自处的意识。良知使人区别于动物，使人区别于异化的人。致良知与否则是圣凡的分界处。良知使人在时间中体验到一种永恒的生活。

美，是这永恒的一种显示、一种"使之是"的活动，就是这样的意义感。

美在良知 = 人心与宇宙相通的本原性的直觉。

文学的核心是生活方式，美学的核心是对生活方式的反思，说到底是对存在的感应。而"自身显示者就是存在"，就是"在场"，人的最根本的显示就是"明心见性"。

美感是对良知呼声的感应。

良知美学从社会学的角度说关涉本土化与全球化的问题。我们的基本"立场"是用本土的迎接全球的，用全球的开拓本土的。敞开胸怀迎接全球的，挺直脊梁建设本土的。"国粹"现在能够保护我们了，但闭关的态度保护不了我们。每个活人都要倾听良知的呼唤。

美＝良知＝人类共同性。良知美学能帮助所有愿意接受帮助的人在百姓日用中活出"道"来。

 良知美学草案　周月亮自选集

良知是希望美学*

未来是远方的风景，此刻是当下的心情，风景和心情的关系是美学的枢纽，古往今来所有的美学，其实都是在调理风景和心情的关系。

美学热是从20世纪80年代，那个时候的美学热是全民性的，从那个时候的热到后来的冷，再到后来退缩为今天的学院派的课题，美学的不景气，一直到今天变成好像书斋人自拉自唱自说自话的这么一个现象。

美学本来是给人希望的一个学科，它本身却看不到什么希望了。

这里头有好多原因，一个小的原因就是太概念化，这个概念的躯壳就跟如今的各种规定一样，把我们都网格化了，把我们的思维都网格化了，这是一个小的原因，可以用个大字眼来说，这个概念其实它也不是凭空来的，西方的也好，东方的也好，古往今来也好，来自历史知识的一个一个的沉淀。而现在这种不景气就证明了什么？证明了这种古代的理性结构，说老实话它已经不能贡献什么新东西了，不能够成为我们今天创新的触点。用鲁迅的话说叫老调子已经唱完，这是一个来自理论层面的原因。

当然更重要的是什么？更重要的是现实。这现实永远是最重要的推手，现实最大的特征是什么？就是阿伦特说的不思想或者是无思想。

马克思说语言是思维的工具，维特根斯坦说是思维的边界，诸如此类的，语言总是和我们的思维直接相互作用，语言的蒙昧对于我们美学来说是更致命的打击。这种无思想，阿伦特给它下了个定义，就叫作平庸的恶。

---

* 本文原载于周月亮教授微信公众号，2022年11月12日，收入本书时有改动。

平庸的恶在现实层面是什么？各种叫人拍案惊奇的规定，左一个莫名其妙的，右一个莫名其妙的规定，然后好些人就以执行规定作为他们的天职，这又造成一个什么后果呢？叫作卑琐的馒头馅，我们每个人都成了一个卑琐的馒头馅，这是一句古话，"城外多少馒头庵，城内多少馒头馅"，现在城外也没有馒头庵了，城外变成重庆森林了，城内馒头馅成了卑琐的发馊了的馒头馅，怎么办？这好像成了一个死局，怎么突破？

只有我们依然相信未来，这好像带着一点绝唱的感觉。我们从这个角度提出相信未来，就像食指在那种岁月里头，他依然相信未来。

相信未来有几个动力，一个是来自宗教给人的希望，还有一个来自美学给人的希望。宗教给人的希望在这里就不说了，来自美学的希望，刚才说了，不敢恭维的一个泛泛的原因，就是感情变浅了。

所以多少年前有人说为什么我们出不了李白杜甫了，就因为我们感情变浅了，感情变浅了，就没有诗了，语言腐败了，就没有思想了，就没有美学了。

人们普遍的一种什么感觉？就是无感，做学问也越做越找不到感觉了，就没有感觉了。没有感觉了，从哪能来这种感性学的美学？这是一个悖论，走出悖论，这也是一个绝地反击，所有的美学它都有一个核心的技术，核心的技术就是"我愿意"，你说得天花乱坠，说得七七八八的，包括黑格尔那种统一杂多本质、绝对理念……那里头其实还是一个"我愿意"，所以美学它的一个哲学叫法应该叫希望原理，这个"愿意"带出我心希望，心之所至。从我心也好，心之所至也好，都是从心出发，两者的根源就在人人都具有的良知。

现在美学之所以不景气，是因为良知淡了，过去人们说"抱怨自己缺这少那，唯一不抱怨自己缺少良知"。现在人们已经不把缺少良知作为一件羞耻的事情，人们好像觉得有良知才不体面，觉知和感受分离了以后就没有再合起来，觉知和感受分离是认识的一个进步，但是打开了以后没有再合，没有再合，就没有觉悟，就变成了没有生气，越来越没有生气，所以我们只能是滑到底线，这个底线是什么？这底线就是良心，良心就是底线，良知就是底线，升腾起来的浩然正气。

没有良知的这种希望是骗局。没有良知画的饼顶多只算权宜之计。对于像这种没有良知的希望，它属于什么？一个问题叫作误解与失败，误解与失败就在这里就不谈了，但是它是个问题，良知没有误解，坚守良知的人可能失败，但是良知本身不会失败，这个是铁的，为什么？因为良知是大圆镜智，它是一种根本的智慧，是一种生命根本上的人之所以为人的这么一种思维能力，思维能力很玄，它不受任何诱惑，不受外界的牵引和打压。

但是良知它也管不了太多，良知管不了治国理政，也管不了富国强兵，更管不了升官发财。它只管在你面临要不要良心的时候，它警醒你一定要要良心，就够了。所以说是在我们无所依凭的时候，什么都靠不住的时候，就只能靠人人都有的，骨子里的心本体。

良知有个什么好处？它能让我们摒弃人性中的兽性，能保护我们的善根，善的根，它可以抵抗来自权力和金钱腐败对人性的伤害，尤其能够保护我们的感性中的善，感性中的善在西方是被嘲笑的，比如罗素他就嘲笑善感性，觉得善感性不如理性高级。其实现在人们对理性，哪怕是启蒙以来的这些所谓的理性，这些理性所形成的概念什么的，人们现在已经没有感觉了，乃至于整个所谓的理念的世界都脱离了人心了。善感性中的善因此成了最宝贵的东西。谢谢感性中的善，它能够穿透概念的躯壳。人被这个概念的躯壳包裹得太久了，规定得太久了，这个时候就需要从一种人性的力量，就是善的根本处，冲出一种生命的力量来。

感性中的善根它是什么？它就是所有艺术感染力的触点，艺术的门类那么多，但是它打动人心的地方叫触点。艺术有好多定义，但是最根本的一点，它就是对情感的表达。它是人性的展现，对情感的表达，对人性的展现，触点就成了一个生命线，成为一个生命点。这个触点的有无其实就是艺术的魅力的有无，这个触点是不确定的，但是它确实是存在的。

这个触点从而也应该成为美学的基地。无论是对奥斯维辛回顾，还是说上甘岭上轮着咬的那半个苹果，所有这些。我们常说艺术的魅力在细节，就是说这个细节触点，创作的秘密，就是被触点击中，然后把触点展现出来。

这里面的要害是直觉，我在别的地方说过良知就是直觉，这个概念的重庆森林说实话已经不能给我们营养了，他们只能让我们去研究别人的事，我们要想写自己的诗，就要回到良知的根上来，就要用我们直觉。

概念是合计的，直觉是直给的，触点被触点撞上，把触点展现出来，乃至于美学去调理这种感触，所依靠的就是直觉，是只有良知能给我们。话又说回来了，好像良知是美学的希望，心理学贡献出一个各界都取的一个成果，就是无意识理论，无意识这个理论其实就在良知里头。

有意识的艺术创作，无意识的美学创意，非理性的灵感，千锤百炼的形式技巧，它都根源于一颗心，万法唯心、万法唯实。这颗心它在指明，也在证明，就是说你到底想干什么，你到底要什么，你愿意的内容，最粗俗的说法就是"就是愿意"，当然这是江湖话，但是现在就跟我们的希望和未来连在一块了，而希望本身是虚席以待，希望也不能着相，它一住着在那里，它就不是希望。

所以布洛赫说的希望就是尚未，布洛赫有本书叫《希望的原理》，主要讲希望的工作原理，跟东方也能说到一块，希望无住，我们不要执着于任何相，所以希望美学换成一个佛学词语，"应无所住而生其心"，生出来那个心才是真心。所以再回到一个常识上的话来，就是说希望它常常是虚席以待，这虚席以待就是太家常了，但是它这个原理很深奥，它就是茨威格说的艺术家在创作的时刻的那种自身不在，茨威格有一篇很有名的文章叫《创作的秘密》，《创作的秘密》就写，不管你干什么，不管你创作什么，到最后真正进入创作的那个状态的时候，它叫自身不在，用东方的话说就是六根六尘都脱开了，来自五浊恶世带给我们的各种污染和骚扰都脱落尽了，这个时候自身就产生了一种新感性，新感性是李泽厚老师把德国哲学拿过来给我们印象很深的一个东西，良知，给美学带来希望，在于良知产生这种新感性。

一个想象的空间更具有美学意味，我们虚席以待，自身不在，产生新感性，美就是感性—理性—新感性，这是德国美学，尤其是席勒美学所勾画的，所以李泽厚把它给我们普及了一下。20世纪80年代的时候，李泽厚提倡新感性，后来才知道这个东西贯彻到西马那里，单面人之类的也是贯彻这个东西。

所谓新感性是把人口变成一个完整的不被异化的人,驱动力就在新感性,所以美学它的生长点就是新感性,席勒感性冲动、理性模式,然后这个感性冲动就相当于生产力,理性模式相当于生产关系。然后每一代有新的感性冲动,然后冲破旧的理性结构,然后新的感性又变成旧的理性结构,网似的,冲决罗网,然后冲开了网又套上来了,然后再冲再套,整个人类的历史,就是一个罗网冲决、罗网重新罩上的历史。在这个过程当中,人性中的新感性就跟马克思说经济社会里面的生产力一样,就跟柏格森说生命是绵延一样,它滔滔汩汩,斩不断,杀不绝,蒸不熟,煮不烂,有点阳光,它就茁壮成长,这是真的。

新感性还有一个含义,这个东西有没有新内容,你看古往今来那些作品,有一点新意,有一点新的东西,哪个东西呢?其实就是别人没有说过的,就是此时此刻给啪得像闪电一样打出来的那个东西,"竹杖芒鞋轻胜马,谁怕!"这点小感受就是苏东坡能出来,黄庭坚他们都出不来,感性不到,语言就出不来。说老实话,只有良知能产生这种来自生命本身的新感性,这是良知给人的贡献,给美学的贡献,也是来自人性的希望的源头活水的原理之所在。因为什么?自身不在以后,六根六尘都脱开了,脱开了以后也就剩下良知的直接呈现了。

为啥讲直觉呢?良知直接呈现以后就开出希望的花来了。这给我们什么启示?我们要敢于绝望,要敢于用孤勇,像义勇、蛮勇、大勇这些"勇"都各有含义。说孤勇就是赤身裸体面对上帝,此时此刻就像类似于王阳明在龙场那样,天地父母皇上啥都没有了,这时候就剩下干巴巴一个人,用他自身的人性的力量,用这个孤勇来弃绝任何虚妄。你看王阳明他就觉得以前的路都差了,以前的路要么是虚头巴脑的,假的,要么是错的,荒诞的,合起来简称就都叫虚妄。

用良知调理我们的感性,用相信未来超越眼前的一切,这是人性自由自觉的活动的必然要求。马克思给人性下了定义,就在《1844年经济学哲学手稿》里面,人性是什么?自由自觉的活动。自由自觉的活动就是人的一个哲学级别的定义,我们用良知来超越眼前的一切,这是人自由自觉的活动的一个必然的要求，也是社会走向解放的一个必然要求。

虚席以待的含义是什么？原来写的叫"等待戈多"。即使等待戈多，也不匆忙地去追逐一个乌托之邦，过分的单纯的悲观或者乐观，都没有最终的根据。容易说悲观话、容易说乐观的话其实都是没有根据的。黑格尔的《小逻辑》说根据本质就是杂多，就是差异。过去很不理解本质，就是好像高度统一，其实统一包含了差别，包含了差异，本质就是统一和差异的混合，所以说任何单纯的悲观和乐观都是没有根据的。

马克思说的不要哭，不要笑，只要深刻，悲观乐观都是心情，都不是学术，达到学术就是这种理论级别。而带着生命本身的全部含义的还就是宗教，比如说基督教，说爱是由神给的，中国就是说神是由爱给的，魔是由恨给的，从这一小点就能看出东西方差别。

说良知能够养育感性中的善，就是要从爱生出神来，不要从恨生出魔来，这个跟逆来顺受是两码事，跟掩耳盗铃、鸵鸟战术都是两码事。这是一种根本性的坚持，因为恨、魔它的本质都是反人类的，莱维写在集中营的生活，他是个化学家，根本不是个作家，他就是为了佐证历史。当时社会上就认为没有奥斯维辛，根本都是捏造的，因为纳粹在撤的时候用了好多有效的办法毁灭证据。他出来作这个证，他为什么这么做，他就是坚信人性的力量，大部分证人都死了，像有人说的，那些优秀的人都死了，活下来的人都是糟糕的。德军已经撤了，但是他们也不敢出去，怕被打死，他和另一个人冒着风险去找吃的，找回一点吃的，然后用他化学家的方法给大伙融一融热一热。有人提议说给这俩出去找炉子的人，一人匀一口饼，莱维说了一句：人到了集中营以后都没有人性了，但是这个细节，给他们每个人匀一口饼，这个时候人性来了。

有人说经历了奥斯维辛的事再写作是不道德的，后来，莱维经历了奥斯维辛的事以后，拿起笔来写作，他觉得他不写作才是不道德的，不把这种人性滑到底的那种状态写出来，我们无法看清人性的真相。说了半天，是个什么道理？第一，坚信人性是一种力量，第二，时时刻刻对人性保持这种尊敬，然后怀着那种神圣的好奇心来看待世间万物。要害在于不麻木，不当那种卑

琐的馒头馅。

易中天老师写了个小说叫《曹操》，他就说三国人个个都是狠人，包括董卓，狠董卓，他坏透了，但是他也有可爱的地方，为什么？他不卑琐，所以易中天就用卑琐不卑琐作为可爱还是不可爱的分界线，当然这也是作家不可能面面俱到。托尔斯泰他外甥写了一个东西叫托尔斯泰看，叫他舅给他指导，托尔斯泰说他所有搞创作的条件都具备，但缺乏最根本的一条。他问是什么？托尔斯泰说是"偏激"，搞创作就是剑走偏锋。像莱维他就写他所在的集中营，这是他看见的。奥斯维辛集中营那里面的情况他没见，写不出来，那就不写，这也是对于知觉的一个证据和说明，当然这是缘起上的知觉，不是根本上的直觉。

后 记

选集是取样，一生碌碌，这"样"也只能如此歪瓜裂枣了。

年轻时总比不出《记念刘和珍君》和《为了忘却的记念》哪篇更好，逻辑上先生愈老该文章更好，感受上却更佩服早年的"记念"，酣畅淋漓，满篇金句。现在我已比先生多活了十年，领悟了"为了忘却"的况味。但执意用"草案"命名文集，还有点少年心气。

从"失败哲学"到"希望美学"这条弧线很美，与悲观、乐观无关，"现象之美"罢了。发动机永远是个性与创造性，工作原理是艺术直觉滋润生命成长。就算无路可走，也能就地成仙：敢于绝望，才能活出存在的勇气。

《公羊家法》与《禅心妙悟 大雄无畏》两文是 1994 年少作，想展示经学技术、禅门风采，后者差点遗失于逝波。我在佛禅上下了四十多年功夫，出过本小册子，如今却不能再版，收此小文算为了不忘却的记念。《良知是希望美学》也刻录了我的学术网缘。

年轻时发文章多，那时评估系统重"著作"。于是多出书，出了二十几本，评估系统又重项目了。我 1998 年来到北广（中传）主讲影视艺术创作方面的课程，还创作了《满江红》《儒林外史》电视剧本，前者因民委不许拍岳飞，后者因制作方糟践，均未面世。此前在河北我还出过武侠小说，二三百万的销量，但匿名，怕扣工分。

道与势的夹缝逼出了"那边会了，却来这边行履"，阳明心学一直算业余爱好。蒙学校错爱生生给我加冕，又于重庆森林中辟出一个古装四合院，这

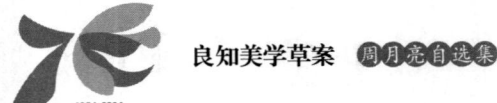

才是因为懂得，所以慈悲。此书出版之时，正是阳明书院开门之日，我腹稿了一副楹联：清风徐来，向上一提；暖意徜徉，喝杯茶去。

周月亮

甲辰·初夏